중국의 대북 무역과 투자

서울대학교통일학연구총서 27

# 중국의 대북 무역과 투자

## 단둥시 현지 기업 조사

초판 1쇄 인쇄 2015년 12월 22일
초판 1쇄 발행 2015년 12월 28일

지은이 김병연·정승호
펴낸곳 서울대학교출판문화원
펴낸이 성낙인

책임편집 정승아
디자인 최선아

출판등록 제15-3호

주소 (08826) 서울 관악구 관악로 1
대표전화 02-880-5252 | 팩스 02-888-4148
마케팅팀(주문상담) 02-889-4424, 02-880-7995
이메일 snubook@snu.ac.kr
홈페이지 www.snupress.com

ISBN 978-89-521-1749-6 94320
978-89-521-1029-9 (세트)

서울대학교통일학연구총서 27

# 중국의 대북 무역과 투자

## 단둥시 현지 기업 조사

김병연 · 정승호 지음

서울대학교출판문화원

# China's Trade and Investment with North Korea: Firm Surveys in *Dandong*

Byung-Yeon Kim
Seung-Ho Jung

Seoul National University Press

# 서울대학교통일학연구총서를 내면서

냉전체제가 와해되고 남북교류가 증대하면서 21세기 한반도의 창조적 미래구상이 절실히 요청되고 있다. 우리의 희망과는 달리 남북관계는 여전히 불안정하고 국제정세 또한 유동적이지만, 상호적대적인 분단체제는 더 이상 유지되기 어려운 상황임이 분명하다. 민주화와 경제발전을 성공적으로 이룩한 우리 사회의 역량을 바탕으로 이제 통일한국의 미래를 기획하고 추진하는 일이 핵심적인 시대적 과제로 부각되고 있다.

어떤 형태의 통일이 바람직할 것인가에 대해 완전한 합의를 얻기는 쉽지 않다. 통일이 이루어질 시기를 예측하기도 어려우며, 통일과정이 반드시 점진적이거나 평화적일 것이란 보장도 없다. 우리가 원치 않는 방식으로 통일문제에 맞부딪치게 될 가능성도 얼마든지 있다. 그럼에도 불구하고, 아니 그렇기 때문에 통일에 대한 연구는 더욱 총체적인 시야에서 체계적으로 이루어져야 한다. 실제로 통일과정에 돌입했을 때 그 전 과정을 적절히 관리할 역량이 갖추어지지 못하면 오히려 심각한 갈등과 후유증을 겪을 우려가 크기 때문이다.

통일논의가 구체화되고 정책적 실현가능성이 높아질수록 그에 적합한 전문성과 책임성을 갖추기 위해 노심초사해야 하는 것이 한국 지식인의 책무일 것이다. 반세기 이상 남북한 주민들이 경험해 온 상이한 제도와 관행을 적절히 통합하고 전쟁의 상처와 오랜 대립에서 비롯된 적대감과 이질성을 극복하기 위해서는 고도의 전문성과 기획력이 무엇보다도 필요하다. 한반도 통일을 바람직한 동북아지역 질서와 연계시키고 보다 나은 공동체를 구현하는 일도 지식인들의 높은 식견과 섬세한 대응역량이 없이는 불가능하다.

서울대학교는 2003년부터 통일학연구 지원사업을 시작하였고, 우리 사회의 지적 대응능력을 키우는 데 진력하고 있다. 서울대학교의 통일연구 사업은 북한에 대한 지역연구 차원을 넘어서 통일과정 전반에서 고려되어야 할 쟁점들을 학제적으로 분석하는 데 목적을 둔다. 따라서 정치, 경제, 사회, 역사, 문화, 환경의 영역은 물론이고 농학과 의학, 과학기술과 예술 및 체육에 이르기까지 광범위한 영역을 포괄한다. 이 일을 총괄하는 서울대학교 통일평화연구원은 국내외의 연구기관 및 연구자들과 교류하면서 종합학문으로서의 통일학을 정립하고자 애쓰고 있다.

서울대학교통일학연구총서는 이러한 학문적 노력의 결실이다. 이 총서가 우리 시대 최대의 과제인 분단극복과 통일한국을 향한 역사적 장정에 긴요한 지적 자산이 되기를 기대한다. 또한 소모적인 이념 논란을 지양하고 창조적인 대안과 정책적 지혜를 탐색하는 이성적 도구로 활용되기를 바란다. 끝으로 통일연구의 시대사적 중요성을 인식하고 서울대학교 통일연구 사업의 제도적 바탕을 마련해 주신 정운찬 전 총장님과 변함없이 이 연구사업을 지원, 격려해주신 이장무 전 총장님, 그리고 종전의 통일평화연구소를 통일평화연구원으로 승격하여 새로운 도약과 발전의 기틀을 마련해 주신 오연천 총장님께 깊은 감사를 표한다.

2011년 9월

서울대학교 통일평화연구원

# 머리말

북한은 더 이상 사회주의 폐쇄경제가 아니다. 대내적으로는 시장화의 진전으로 사회주의 중앙계획은 모양만 남은 수준이며 대외적으로는 무역이 급증하였다. 보다 구체적으로 북한의 무역액은 1990년대 평균인 25억 달러에서 2000년대에는 39억 달러, 2010-2013년에는 76억 달러로 급속한 증가세를 보이고 있다. 따라서 최근 북한의 무역의존도는 북한 국민소득 추정치에 따라 30-60%에 달하는 것으로 추정하고 있다.

북한의 무역이 이와 같이 눈에 띄게 증가한 데는 중요한 이유가 있다. 그것은 무역이 북한의 생존을 위해 절대적으로 필요하기 때문이다. 북한 경제의 안정과 성장을 위해서는 대내적으로는 개혁, 대외적으로는 개방이 필요하다. 그런데 대내적 개혁은 정권과 체제의 안정성을 해칠 수 있다고 북한 정권은 판단하는 듯하다.

반면 대외적 개방은 체제의 안정성에 미치는 영향이 적다고 믿기 때문에 북한은 무역에 보다 적극적으로 나서고 있다. 즉, 무역을 장려하기 위해 분권화와 인센티브를 강화한 것이다. 이를 통해 경제적 생존에 필요한 에너지, 식량, 비료 등을 수입하고 지하자원, 채취 농산물, 수산물 등을 수출하였다. 무역이 본격화되자 해외로부터 주문을 받은 북한의 의류가공 수출이 증가하였다. 또한 해외, 특히 중국의 자본이 기계 설비를 북한의 광산에 투자하고 그 대가로 광물을 받는 형식, 즉 투자와 무역이 결합된 형태가 생겨나기도 했다.

북한의 무역과 투자의 중심에는 중국이 있다. 그리고 중국에서도 단둥

(丹东)이 그 핵심 역할을 하고 있다. 1990년에는 북한의 대중 수출이 전체 수출에서 차지하는 비중은 7%에 불과했으나 2013년에는 76%로 증가하였다. 수입에 있어서도 북한의 전체 수입에서 중국으로부터의 수입 비중은 1990년 15%에서 2013년 78%로 급증하였다. 단둥을 경유한 중국의 대북물동량은 전체 북중 무역의 60% 이상을 차지하고 있다. 따라서 단둥을 경유한 북중 무역은 북한 전체 무역의 50%에 조금 못 미칠 정도로 북한 무역에 있어 단둥의 중요성은 절대적이다. 그러나 그동안 단둥을 중심으로 북중 무역에 관여한 기업에 대한 연구는 전무하였다.

북한의 대외교역에 대한 기존 연구는 대부분 집계된 자료를 이용한 것이다. 즉, 무역 규모나 추이, 주요 무역 품목, 무역 대상국 등에 관한 연구가 북한 무역 연구의 주종을 이루었다. 반면 기업 자료를 이용한 연구는 거의 진행되지 않았다. 북한 기업을 조사하는 것은 현실적으로 불가능하고 북한의 최대 교역 대상국인 중국 기업을 조사하는 것은 가능하지만 제약 조건이 많은 것이 사실이다. 이 연구는 북한과 거래하는 단둥 소재 중국 기업에 관한 자료를 수집하고 분석함으로써 기업 수준에서 북한의 대외 거래의 특징과 추이, 한계를 살펴본 최초의 연구이다.

이 연구는 저자 중 한 명인 정승호 박사가 서울대학교 경제학부 박사과정 재학 시절인 2012년과 2013년 두 번에 걸쳐 단둥 현지에서 수집한 자료를 기반으로 하고 있다. 정승호는 장기간 단둥에 체류하면서 북한과 거래하는 기업을 대상으로 대면설문조사를 시행하는 등 연구의 가장 어려운 부분인 데이터 수집을 맡아서 수행하였다.

이 연구는 여러 기관으로부터 재정적인 도움을 받았다. 서울대학교 통일평화연구원의 연구 지원과 서울대학교 사회과학대학의 현지 연구 지원, 그리고 한국연구재단의 세계적 수준의 연구 중심대학 프로그램(World Class University Program) 연구비(R32-20055), 2010년도 정부재원(교육과학기술부 인문사회연구역량강화사업비)으로 한국연구재단의 우수학자 연구 지원(NRF-2010-342-B00008(10070))을 받았다. 이와 같은 지원에 깊은 감사를 표한다. 그리고 현지 연구에서 도움을 준 단둥 한인회 회장님을 비롯한 대북 기업인께도 깊은 사의를 표한다.

2015년 10월

저자를 대표하여 김병연

# 차례

## 표 차례

# 그림 차례

# 제1장

# 서론

## 1. 연구의 목적과 필요성

1990년대 이후 북한은 부분적인 대외 개방을 통해 생존을 모색하고 있다. 수출액과 수입액의 합을 국민소득으로 나눈 수치를 '무역의존도' 혹은 '대외개방도'라고 부르며, 이는 한 국가의 개방 정도를 평가하는 데 가장 많이 쓰이는 지수이다. 북한의 주요 무역대상국인 중국에 대한 무역의존도를 통해 북한 경제의 대외 개방 정도를 평가한다면 1990년에 북중 무역이 북한의 국민소득에서 차지하는 비중은 3.3%였으나 2012년에는 41.7%로 급증하였다.[1] 북한은 무역, 특히 중국과의 무역을 통해 생존에 필요한 에너지와 식량, 기타 소비재를 수입하고 있다. 그리고 수입 대금 결제와 다른 목적을 위해 북한은 지하자원을 비롯하여 수산물과 의류 등을 수출하고 있다.

---

1 달러 표시 북한 GDP는 UN 통계, 북중무역액은 KOTRA 통계 기준을 이용하였다. 그러나 이 수치는 추정치이다. 북한의 수입액과 수출액도 추정치일 뿐만 아니라 북한의 GDP 추정에는 더욱 많은 문제가 존재한다. 이와 관련해서는 김병연(2008)을 참조하라.

현재까지 북한의 무역에 관한 대부분의 실증 연구는 북한의 집계적 무역 통계에 의거한 것이다. 보다 구체적으로 수입과 수출에 대해 북한이 정기적으로 발표하는 것은 아니지만 수출입 상대국의 자료, 즉 거울 통계(mirror statistics)를 이용하여 국가별, 상품별로 추정한 자료를 이용하는 것이다. 이 자료를 이용하면 북한의 수출입 추이, 수출입 상품의 구성과 변화, 그리고 북한의 수출입과 다른 정치 · 경제적 변수, 예를 들면 북한의 무역과 경제성장의 관계, 경제제재가 북한의 무역에 미치는 영향 등을 연구할 수 있다.

그러나 이와 같은 거시자료를 이용한 연구의 한계는 뚜렷하다. 실제로 대외 경제 거래를 수행하는 단위는 대부분 기업이며, 기업은 상업적 이익을 의도하고 경제 활동을 수행한다. 그렇다면 왜 중국에 기반을 둔 기업은 북한과 무역 거래를 하고 북한에 투자하는가? 이 기업들의 경영 성과는 어떠한가? 대북거래기업의 활동은 지속적인가, 아니면 일회적인가? 기업의 경영 성과에 영향을 미치는 요인은 무엇인가? 대북경제제재는 기업의 경영 활동에 어떤 영향을 미쳤으며 그 영향은 기업의 성격에 따라 얼마나 이질적인가? 이러한 질문들은 북한과 중국의 경제관계, 더 나아가서 북한 경제의 생존과 성장을 이해하는 데 매우 중요하다. 그러나 기업 자료 없이 집계적 무역 자료만을 이용해서는 이러한 질문에 대답하기 어렵다.

이러한 중요성에도 불구하고 대북거래기업을 대상으로 한 정량적인 실증 연구는 거의 전무하다. 설문조사를 통해 대북거래기업을 정량적으로 조사한 연구로는 Haggard 등(2011, 2012)을 들 수 있다. 이 연구는 2007년 지린성(吉林省)과 랴오닝성(辽宁省)에 있는 250개의 대북거래기업을 대상으로 한 설문조사를 바탕으로 한다. 그러나 이 연구는 연구자가 직접 참여한 조사가 아니라 중국의 컨설팅 기업을 통해 조사되었으며 설문 응답률이 저조하여 응답의 정확성을 담보하는 데에도 일정한 한계가 존재한다. 특히 대북거래기업의 경우, 응답에 참여한 기업과 그렇지 않은 기업 사이의 이질성이 크고 설문에 참여한다고 하더라도 정확한 응답을 꺼리게 만드는 요인들이 다른 국가의 경우보다 클 수 있다는 점에서 설문 결과에 대한 의문이 제기될 수 있다.

이 연구는 2012년과 2013년의 두 번에 걸쳐 중국 현지에서 실시한 대면 설문조사 자료를 기반으로 대북거래기업의 특성과 경영 성과 등을 논의한 것이다. 보다 구체적으로 설문조사지는 크게 기업에 관한 기초 정보와 사업 환경을 설문하는 공통 문항에 이어 무역기업과 투자기업에 대한 별도의 설문으로 구성하였다. 이를 이용하여 대북거래기업의 현황을 전반적으로 알 수 있는 176개 기업의 소유주, 경영자, 혹은 책임자를 대상으로 설문조사를 실시하였다.

이 연구서는 다음과 같이 구성되어 있다. 제2장에서는 북중 경제관계에 있어서 단둥(丹东)이 차지하는 위치를 다룬다. 단둥은 북중 경제관계에서 가장 중요한 중국 도시로서 이와 같은 위상을 보여 주는 통계자료와 함께 북중 무역과 투자 제도, 단둥의 인프라 등을 이 장에서 다룬다. 제3장은 현지 조사를 통해 수집한 설문조사 결과를 이용하여 북중 경제거래의 방식과 사업 환경, 기업 성과 등을 분석한다. 제4장은 결론으로서 이 연구서의 발견 내용을 요약하고 그 의미를 논하고 있다.

## 2. 선행 연구

북중 경제관계에 관한 연구는 크게 두 종류로 나눌 수 있다. 첫째는 북중 경제관계 전반에 대해 무역 통계와 투자 통계 등 거시자료를 이용하여 분석한 연구이다. 둘째는 북중 경협의 실제 참여자인 중국 기업을 대상으로 인터뷰나 설문조사를 통해 양국 간 거래의 특징을 분석한 연구이다.

집계된 자료를 이용하여 북중 경제관계 전반에 대한 현황과 특징을 분석한 연구로는 조명철 등(2005), 이영훈(2006), 김원배 등(2006), 김병로 등(2008), 고일동 등(2008), 김석진(2013) 등이 있다. 이 가운데 조명철 등(2005)은 북한 경제의 대중국 의존도를 무역·투자·원조의 변화 추이를 통해 설명하고, 대규모의 북한이탈주민 인터뷰를 통해 북한 경제의 대중국 의존도가 점증되고 있음을 보여 주었다. 특히 2002년 7.1 조치 이후 북한이탈주민 165명을 대상으로 한 설문조사를 통해 북한 내 생산, 상품 유통, 서비스, 수송, 금융 전반에서 대중국 의존 현상이 있음을 확인하였다. 이러한 결과를 바탕으로 북한 경제의 대중국 의존도 심화를 완화하기 위해 남북경협이 북중 간 경제연계보다 더 경쟁력 있는 제도적·물리적 환경을 구축할 필요가 있음을 주장하였다.

이영훈(2006)은 북중 무역구조와 특징을 품목구조와 무역방식으로 구분하여 분석하였다. 이 연구는 수출과 수입이 국민소득에 미치는 탄력성을 이용하여 북중 무역이 북한 경제에 미치는 영향을 수치로 제시하였다. 북중 무역의 증가는 2000년 이후 북한의 경제성장률을 매년 3.5% 포인트 이상 증가시키는 효과가 있다고 추정하고, 이와 같이 북중 무역이 증가하지 않았다면 이 기간 동안 북한 경제는 마이너스 성장을 지속했을 것이라고 주장하였다. 또한, 북한 제품의 대중국 경쟁력을 무역특화지수(Trade Specialization Index: TSI)를 통해 분석한 결과 1998-2004년 동안 수출특화품목 부문은 증가한 반면 수입특화품목 부문은 줄어들어 미미하게나마 북한 제품의 경쟁력이 개선되었음을 발견하였다. 이 연구는 중국의 고성장이 무역과 투자를 통해, 북한의 경제회복과 시장화를 촉진함과 동시에 북한 경제의 대중국 의존도를 심화시킬 것으로 전망하였다. 더 나아가서 북중무역이 북한 경제에 미치는 영향을 고려할 때 경제봉쇄와 같은 대북 억압정책은 중국이 동참하지 않는 한 실효성이 떨어질 뿐만 아니라 오히려 북한의 대중국 의존도를 더욱 높이는 결과를 가져올 것이라고 주장한다.

김원배 등(2006)은 연구 대상의 지리적 범위를 중국의 동북 3성 지역으로 한정하여, 중국의 동북 3성 개발이 북한과 중국의 접경지역에 미칠 영향을 산업구조, 기반시설, 공간구조라는 세 가지 측면에서 분석하였다. 이 연구에 따르면 중국 동북 3성 개발은 주로 북한의 평안북도를 중심으로 한 서부접경지역과, 함경북도를 중심으로 한 동부접경지역의 산업구조와 기반시설에 미치는 영향이 클 것으로 전망하였다. 특히 서부접경에서는 단둥-신의주를 중심축으로 어패류 채취·양식·가공, 물류·유통업, 관광산업이 연계하여 발전할 것으로 예상했으며, 동부접경에서는 훈춘(琿春)-나선, 청진을 중심으로 광업 및 물류 인프라의 확대를 통해 광산업, 섬유·봉제업, 목제 가공업, 수산물 가공업 등이 발전할 것으로 전망하였다.

북한과 중국의 인적·물적 교류 현황을 평가하기 위해 김병로 등(2008)은 사회·경제적 연결망의 형성과 구조 등의 실태를 분석하고, 이를 바탕으로 북한 체제의 특성과 변화의 다양한 측면을 분석하였다. 상기 연구는 북중관계의 경제적 측면뿐만 아니라 정치·외교·사회적 관점을 포괄하여 분석한 점에서 기존 연구와 차이가 있다. 이 가운데 북중 경제 네트워크의 특징으로 1) 강한 정치 종속성, 2) 경제 예속에 대한 경계심으로 인한 방어적 소극성, 3) 변경무역이 큰 비중을 차지하는 지역적 편중성 등을 들고 있다. 그리고 북중 사회 네트워크의 정치·경제·사회·문화 분야에 있어 인적 네트워크의 규모와 경로를 파악하고, 주요 행위자인 유학생, 조선족, 북한화교, 북한이탈주민의 역할을 분석하였다.

고일동 등(2008)은 북중 무역 데이터를 기초로 북한 무역의 주요 쟁점에 대해 다양한 통계 분석을 시도하였다. 첫째, 북중 간 거래 가격의 변화 패턴을 중국과 다른 나라의 거래 패턴과 비교함으로써 대북무역을 통한 중국의 경제지원 가능성을 정량적으로 검증하였다. 분석 결과, 북중 거래는 수출과 수입 모두에서 우호가격과 같은 정책적 배려의 개입 가능성이 낮고 오히려 상업적 동기에 의해 거래 가격이 결정됨을 발견하였다. 또한 일본의 경제제재로 인해 북일 무역이 북중 무역 또는 남북 교역으로 대체될 가능성에 대해서는 그랜저 인과성 검증(Granger Causality Test) 방식을 통해 확인하였다. 검증 결과 북일 무역의 감소는 남북 교역 증가에 인과적 영향력을 미쳤지만, 북중 무역 증가에는 인과적 영향력을 미치지 못한 것으로 나타났다. 이에 대한 이유를 저자는 북일 무역의 거래구조가 북중 무역보다는 남북 교역과 더 유사하기 때문이라고 설명하였다. 또한 이 연구에서는 앞에서 논의한 이영훈(2006)에서와 같이, 무역특화지수(TSI)를 통해 중국 시장에서 북한 제품의 경쟁력을 분석하였다. 1999-2006년 북중 무역 데이터를 분석하여, HS 2단위 기준으로 경쟁력이 강화된 품목군을 52개, 경쟁력이 악화된 품목군을 29개로 제시하였다.

김석진(2013)은 북중 무역 데이터를 이용하여 북중 경협의 확대요인과 북한 경제에 대한 영향을 분석하였다. 이 연구는 중력이론에 근거하여, 북중 경협의 확대를 정치 · 군사적 차원에서 중국의 전략적 결과가 아니라 중국 경제의 성장과 구조 변화에 따른 부수적 현상이라고 지적하였다. 이에 대한 근거로 1) 중국의 자원수요 증대, 2) 국제 원자재 및 곡물 가격 상승과 관련된 무역 데이터를 제시하였다. 또한 중국과의 교역이나 중국 기업의 대북투자가 북한 경제와 깊은 연계를 맺지 못하기 때문에, 북중 경협이 북한 경제에 미치는 영향력은 제한적이라고 평가하였다.

기업 측면에 집중하여 북중 경제관계를 분석한 보고서로 주목할 만한 연구로는 배종렬(2008), 이종운 · 홍이경(2013), Haggard 등(2011, 2012)을 들 수 있다. 배종렬(2008)은 EU와 중국 기업의 주요 대북투자 진출 사례를 종합하여 국가별 투자사업의 특징을 분석하였다. 이 연구에서는 외국 기업의 진출 분야가 기존의 지하자원, 토지자원, 노동력을 활용한 분야에서 북한 내수시장으로의 진출 등으로 업종이 다양화되고 있다고 주장한다. 특히 중국 기업의 투자진출이 보이는 특징으로 지역적으로 동북 3성 기업에서 남방기업까지 확대되고 있는 점과 중국 기업의 대북진출에 있어 중앙정부와 지방정부의 개입이 확대되고 있는 점을 개별 기업의 투자 사례를 들어 설명하였다.

이종운 · 홍이경(2013)은 단둥, 선양(沈阳), 옌벤(延邊), 훈춘 지역의 현지 조사를 통해 북중 접경지역 중국 기업의 교역, 투자, 대금 결제 방식과 거래 관행에 대해 분석하였다. 이 연구에서 북중 간 기업 거래는 국제 거래 관행과 달리 현금거래와 구상무역과 같은 방식이 관행화되어 있고, 이러한 다양한 비공식 거래 방식을 고려할 때 북한의 대중 교역 규모는 중국 세관 통계보다 훨씬 클 것으로 추정하였다. 또한 중국 기업의 대북 투자는 주로 생산설비, 원 · 부자재, 운영자금을 제공하는 방식으로 북한의 자원개발, 임가공 분야에 활발히 진출하고 있다고 보고하였다. 그리고 이 연구는 접경지역에 관행화된 거래 방식이 북중 경제교류의 확대에 기여했지만, 다른 한편으로는 경제협력 확대를 제약하는 요소와 불법적인 요소가 병존하고 있어 이에 대한 개선이 필요함을 지적하였다.

북중거래기업을 분석한 상기 연구가 주로 중국 기업인과 관료를 대상으로 한 인터뷰나 언론자료와 같은 2차 자료에 의존한 것이었다면, Haggard 등(2011, 2012)의 연구는 최초로 중국 기업을 대상으로 대규모 설문조사를 시행하여 이러한 미시 기업 데이터를 기초로 정량적 분석을 시도했다는 점에서 의의가 있다. 두 연구는 2007년 지린성과 랴오닝성에 있는 대북거래기업 설문조사 데이터를 분석한 일련의 연구 결과물이다. 이 설문조사는 대북거래를 하고 있는 250개 기업과 그에 대한 대조군(control group)으로서 대북거래를 하지 않는 53개 일반기업 등 모두 303개 기업을 포함하고 있다. 첫 번째 연구인 Haggard 등(2011)은 주로 대북사업 진입요인과 사업 환경에 관한 분석에 중점을 두고 있다. 이 연구 결과에 따르면 소규모, 민간 소유 기업일수록 대북사업에 진입할 확률이 높고, 투자사업인 경우에는 회사 규모가 클수록, 북한 정부를 통해 사업상의 분쟁을 해결하는 기업일수록 대북투자에 참여할 확률이 높다는 것이다. 그리고 북한의 사업 환경과 관련해서는 열악한 기반시설, 북한 정부의 규제, 정책의 잦은 변화를 대북사업의 주요 장애요인으로 지적하였다. 두 번째 연구물인 Haggard 등(2012)은 대북수출기업의 외상거래(trade credit)를 양국 간 거래의 신뢰 척도로 상정하여, 신뢰를 결정하는 다양한 요인을 분석하였다. 이 연구 결과에 따르면 1) 북중 국영기업 간 거래, 2) 북한 사업 파트너와의 긴 거래기간, 3) 북한의 친척이나 친구를 통해 분쟁을 해결하는 경우, 4) 주요 북한 거래 파트너를 직접 찾는 경우 등의 변수가 대금결제 기간을 연장해 주는 데에 양의 유의한 영향을 미치는 것을 발견하였다.

가장 최근에 정량적·정성적 데이터를 이용하여 북중 무역에 대해 가장 포괄적으로 분석한 연구로서 이석(2013)이 있다. 이 연구는 크게 북중 무역 데이터를 상품별, 지역별, 형태별로 구분하여 정량 분석한 내용과 북중 무역과 관련된 중국 현지 인터뷰를 정성적으로 분석한 내용으로 구성되어 있다. 이 연구는 북한의 대중국 수출입의 중요 결정요인으로 중국의 수요, 공급요인, 수출입가격, 남한의 제재 등을 들고 있다. 또한 북중 무역은 지역적으로 동북 3성뿐 아니라 산둥성(山东省) 등 다른 지역으로 확장되고 있음을 발견하였다. 북중 무역을 제조업 분야로 한정한 분석에서는 대중국 수출의 급증에도 불구하고, 북한의 공산품 수출구조의 낙후성은 여전하며, 이 부분의 투자 역시 부진한 것으로 분석하였다. 또한 60여 명의 대북무역 기업인, 관련 공무원과의 인터뷰를 통해 북중 무역의 과정도 세부적으로 기술하였다.

## 3. 연구 방법 및 자료

선행 연구에서 살펴본 바와 같이, 지금까지의 북중 경제관계 연구는 무역, 투자 등 거시통계를 활용하거나 기업인 인터뷰, 설문조사 등 미시자료를 활용한 연구 등 두 방향에서 다양한 성과물이 축적되어 왔다. 그러나 미시자료를 활용한 연구도 Haggard 등(2011, 2012)을 제외하고는 소수 기업이나 기업 관계자와의 인터뷰에 의존한 정성적 분석 혹은 2차 자료를 활용한 연구 방법이라는 점에서 한계가 있다. Haggard 등(2011, 2012)은 기업을 대상으로 한 최초의 정량적 연구라는 점에 의의가 있으나, 7%의 낮은 설문 조사 응답률과 기업의 성과 관련 변수의 수가 제한적이라는 문제가 있다. 반면 이 연구는 비교적 다수 기업에 대한 정량적 조사를 현지에서 보다 체계적으로 진행한 자료를 분석했다는 점에서 선행 연구와 가장 큰 차별성이 있다. 또한 중국 단둥 현지에서 확보한 자료를 이용하여 북중 경협의 제도적 환경을 세밀하게 분석했다는 점에서도 기존 연구와 차별성을 보인다.

이 연구는 우선 풍부한 중국 원문 자료와 현지조사를 통해 확보한 북중 경협 자료를 이용하여 북중 경협의 최근 변화를 제도적인 측면에서 논의하고 있다. 중국 문헌은 크게 네 종류의 자료를 참고하였다. 첫째는 중국의 상무부(商务部), 재경부(财政部), 중국 해관총서(海關總署, 우리의 관세청에 해당) 등에서 발간한 북중 경협 관련 통계와 '통지(通知)'나 '의견(意见)' 등으로 발표되는 정책 문건들이다.[2] 둘째는 중국의 각종 연감 자료들이다.

2 통상 중국에서의 법령 변화는 국무원(중앙인민정부)의 '통지(通知)'나 '의견(意见)'을 통해 대강의 방향이 제시된 후, 국무원 관련 부서의 부문 규장(規章)이나 지방정부의 지방성 법규 또는 지방정부 규장을 통해 구체적인 내용이 정해지므로, 국무원이 발표하는 각종 통지나 의견 등을 유심히 검토할 필요가 있다(「중국법령의 체계 및 정책과 법령의 관계」, 『법률신문』, 2010. 11. 22).

항만, 물류 관련 연감뿐 아니라 지리적으로 북한과 인접한 랴오닝성, 단둥, 옌볜 등 접경지역의 경제통계가 수록된 연감들을 주로 참고하였다. 셋째는 현지조사 과정에서 수집한 자료들이다. 이 중에는 중국 기업이 북한의 사업 파트너와 체결한 계약서 등이 포함된다. 마지막으로 중국 언론에 소개된 북중 경협 관련 뉴스도 수집하여 분석하였다.

이러한 중국 현지자료와 함께, 이 연구의 분석에서 핵심자료로 활용한 것은 중국의 대북거래기업을 대상으로 실시한 설문조사 자료이다. 앞 절에서 간략히 소개했지만, 설문조사는 단둥에 소재한 대북 무역기업과 투자기업을 대상으로 구조화된 설문지와 심층 인터뷰를 병행하여 실시하였다. 조사는 2012년 2월부터 2013년 8월에 걸쳐 이루어졌으며, 설문조사에 참여한 표본기업 수는 176개이다. 표본은 사업 방식에 따라 무역기업과 투자기업, 그리고 기업 소유주의 민족배경에 따라 한족 기업, 조선족 기업, 북한화교 기업으로 분류하여 분석하였다. 설문문항은 이 중국 기업들의 진출입 요인, 사업 방식, 사업 환경, 성과 요인, 향후 전망을 분석할 수 있도록 설계되었다. 분석 부분에서는 설문 응답 결과에 대한 통계적 분석과 함께, 개별 통계의 해석에 도움을 줄 수 있는 중국 기업인과 관료를 심층 인터뷰한 자료들도 곁들였다.

# 제2장

# 북중 경제관계에서 단둥시의 위치

## 1. 단둥시의 도시 개요

### 1) 행정구역

연구 대상 지역인 단둥시는 지급시(地级市)[1]로서 시구(市區)인 전싱구(振兴区)·위안바오구(元宝区)·전안구(振安区), 현급시인 둥강시(东港市)와 펑청시(丰城市), 그리고 관뎬만족자치현(宽甸满族自治县)으로 구성되어 있다.

---

1 중국은 4계층의 수직적인 행정단위를 가지고 있다. 최상층인 제1급 행정구역은 23개의 성, 5개의 자치구, 4개의 직할시로 구성되어 있다. 특별행정구는 엄밀하게는 제1급 행정구역은 아니지만, 실질적으로는 그와 동등하게 다루어진다. 제2계층의 지급행정구역으로는 지급시, 자치주, 지구 등이 있다. 중국은 1986년 개정된 기준에 따라 성과 현·현급시의 중간에 위치하는 행정 단위를 지급시로 재편하였다. 지급시는 시라고 칭하지만, 도시지역과 주변의 농촌부를 포함하는 비교적 큰 행정 단위이다. 자치주나 지구는 영어로는 prefecture로 번역되고 지급시는 prefecture-level city로 번역된다. 제3계층의 행정 단위는 현과 현급시이다. 중국의 현은 영어에서는 county로 번역된다. 일본과 비교할 때 현에서 군에 가까운 규모이다. 또 영어에서는 county-level city로 번역되는 현급시가 일본의 시에 가까운 존재이다. 제4계층에 해당하는 것이 향급의 행정 단위로, 향(鄕)이나 진(鎭) 등으로 불린다. 영어에서는 향은 township, 진은 town으로 번역된다.(위키피디아, 중화인민공화국의 행정 구역)

**그림 2-1**
단둥시의 행정구역

현지에서 단둥시는 3개의 시구를 합한 단둥시지구만을 지칭하는 경우가 많으나 이 책에서는 지역 통계에 따라 단둥시 전체를 연구 대상 지역에 포함하여 설명한다. 단둥시의 면적은 15,290km²로 강원도 면적과 비슷하며 인구는 241만 명이다(丹东统计年鉴, 2012). 북중 경제관계에 있어 자주 비교되는 지린성의 옌볜조선족자치주[2]에 비해 면적은 3분의 1로 작지만 인구는 40만 명 정도 더 많다.

## 2) 거시경제

2007년부터 2011년까지 지역내총생산이 2배 가까이 증가하는 등 단둥의 주요 경제지표는 꾸준한 상승 추세를 보이고 있다. 외국인직접투자와

2 옌볜조선족자치주는 단둥시와 같은 성과 현 사이의 제2계층 지급행정구역에 속한다. 산하에 옌지시(延吉市), 투먼시(圖們市), 룽징시(龍井市), 허룽시(和龍市), 둔화시(敦化市), 훈춘시(琿春市)와 왕칭현(汪淸县), 안투현(安圖县) 등 2개의 현을 두고 있다.

**표 2-1** 단둥시의 주요 경제지표 추이(2007-2011년)

| 구분 | | 2007년 | 2008년 | 2009년 | 2010년 | 2011년 |
|---|---|---|---|---|---|---|
| 총인구(명) | | 2,428,963 | 2,427,049 | 2,426,424 | 2,413,610 | 2,410,710 |
| 지역총생산(만 위안) | | 4,640,241 | 5,224,188 | 6,075,211 | 7,288,908 | 8,886,676 |
| 1인당 지역총생산(위안) | | 19,119 | 21,516 | 25,034 | 29,893 | 36,841 |
| 외국인직접투자(만 달러) | | 14,689 | 30,606 | 50,001 | 70,452 | 101,688 |
| 무역액(만 달러) | | 203,561 | 188,379 | 201,135 | 292,581 | 387,793 |
| | 수출액(만 달러) | 161,847 | 138,491 | 144,902 | 187,443 | 235,980 |
| | 수입액(만 달러) | 41,714 | 49,888 | 56,233 | 105,138 | 151,813 |
| 관광업 총수입(억 위안) | | 80 | 104 | 171 | 219 | 280 |
| 국내외 관광객 수(만 명) | | 1,120 | 1,449 | 1,924 | 2,280 | 2,686 |

자료: 『丹东统计年鉴』(각 연도).
주: 외국인직접투자는 도착 기준.

무역액 추이로 볼 때 단둥의 대외개방도는 지속적으로 증가하고 있다. 표 2-1을 살펴보면 단둥시의 산업 중 관광업의 발달은 주목할 만하다. 단둥을 방문하는 국내외 관광객 규모는 최근 5년간 매년 40% 가까이 증가했으며, 같은 기간 관광수입도 평균 25% 증가하였다(임민경, 2012).

그러나 랴오닝성 내에서 단둥시의 경제적 위상은 상대적으로 낮은 편이다. 지역총생산 규모를 비교할 때 단둥시의 경제규모는 성내 14개 시 중에 열 번째로서 가장 규모가 큰 다롄시(大连市)의 7분의 1 수준에 불과하다. 1인당 지역총생산 규모도 대략 3만 6천 위안으로 랴오닝성 평균인 5만 위안의 73% 수준에 머무르고 있다. 단둥의 도시주민 1인당 가처분소득 순위는 성내에서 열한 번째로, 중국 전체의 평균인 2만 위안보다도 낮다. 외국인직접투자나 대외무역액도 증가 속도는 빠르지만, 여전히 경제규모 면에서 랴오닝성 전체에서 차지하는 비중이 4%에 불과하다. 또한 재정 부문에서 수입은 103억 위안인 데 비해 지출은 157억 위안에 달해 단둥시의 재정적자는 심각한 수준이다(표 2-2 참조).

**표 2-2** 랴오닝성의 도시 간 거시경제지표 비교(2011년 기준)

| 구분 | 지역 총생산 (억 위안) | 1인당 지역총생산 (위안) | 외국인 직접투자 (억 달러) | 재정 수입 (억 위안) | 재정 지출 (억 위안) | 무역액 (억 달러) | 도시주민 1인당 가처분소득 (위안) |
|---|---|---|---|---|---|---|---|
| 선양시 (沈阳市) | 5,915.71 | 72,648 | 55.0 | 620.1 | 639.2 | 106.2 | 23,326 |
| 다롄시 (大连市) | 6,150.63 | 91,295 | 110.1 | 651.1 | 734.9 | 605.1 | 24,276 |
| 안산시 (鞍山市) | 2,398.76 | 68,224 | 11.0 | 207.0 | 232.0 | 47.4 | 21,297 |
| 잉커우시 (营口市) | 1,224.93 | 50,309 | 11.0 | 140.2 | 183.2 | 43.4 | 20,893 |
| 판진시 (盘锦市) | 1,119.92 | 79,584 | 20.0 | 112.3 | 144.1 | 8.0 | 24,265 |
| 진저우시 (锦州市) | 1,116.93 | 35,784 | 5.4 | 103.7 | 157.4 | 26.1 | 20,170 |
| 푸순시 (抚顺市) | 1,113.37 | 52,245 | 2.1 | 106.5 | 165.3 | 10.0 | 18,068 |
| 번시시 (本溪市) | 1,044.59 | 60,552 | 3.5 | 102.4 | 139.6 | 41.2 | 19,752 |
| 랴오양시 (辽阳市) | 888.67 | 48,594 | 3.9 | 100.2 | 123.1 | 7.7 | 19,469 |
| 단둥시 (丹东市) | 888.67 | 36,841 | 10.2 | 103.8 | 157.3 | 38.8 | 17,123 |
| 톄링시 (铁岭市) | 873.84 | 28,647 | 3.0 | 105.0 | 167.8 | 5.5 | 16,203 |
| 차오양시 (朝阳市) | 813.02 | 26,927 | 1.4 | 86.9 | 173.1 | 5.4 | 14,957 |
| 후루다오시 (葫芦岛市) | 650.06 | 24,789 | 4.4 | 70.3 | 146.8 | 12.9 | 20,159 |
| 푸신시 (阜新市) | 480.26 | 26,480 | 1.5 | 50.1 | 128.3 | 2.0 | 14,993 |

자료: 『辽宁统计年鉴』(2012).

거시경제 통계상에 나타나는 단둥 경제의 낙후성은 북한과의 밀무역 등 접경지역에서 비중있게 이루어지는 비공식 경제활동이 포함되지 않은 데에 부분적인 이유가 있다. 그러나 보다 근본적인 이유는 단둥 자체의 산업 기반이 랴오닝성의 다른 도시에 비해 취약하기 때문이다. 2012년 기준으로 단둥시의 산업 비중은 1차 산업 13.8%, 2차 산업 50.1%, 3차 산업 36.1%로 1차 산업의 비중이 다른 지역에 비해 여전히 높다. 더불어 1990년대 이후 산업구조 조정이 부진한 가운데 인건비 상승이 지속됨에 따라 기존의 주력산업이었던 섬유, 전자 등의 생산 활동이 저하된 이유도 있다(한지은, 2002).

## 2. 북중 경제에서 단둥시의 역할

단둥시가 중요한 연구대상이 되는 이유는 그 자체의 경제 규모보다는 북중 경제에서 차지하는 위상 때문이다. 이 절에서는 단둥이 북한과의 경제교류에서 차지하는 중요성을 다음의 세 가지 측면에서 살펴보고자 한다. 먼저 무역량과 물동량 등 중국의 공식 데이터를 통해 대북 경제교류 창구로서 단둥의 역할을 검토한다. 다음으로 단둥에서 이루어지는 경제교류의 핵심인 접경지역 경제교류의 제도적 특징을 분석한다. 마지막으로, 경제교류가 발생하는 단둥의 항만, 다리, 보세창고, 원유 송유관 등 경제교류 인프라의 운영 방식과 그 특징에 대해 살펴보도록 한다.

### 1) 단둥시를 통한 북중 무역량과 물동량

#### (1) 무역량

무역량 통계를 논의하기 앞서 한 가지 지적해야 할 사항은 북한의 2차 핵실험 이후 국제사회의 대북제재가 강화되면서 중국 당국이 북중 무역 관련 데이터 공개를 이전에 비해 축소하고 있다는 점이다. 예를 들어 중국 세관 당국인 해관총서(海关总署)는 북한의 2차 핵실험 직후인 2009년 8월부터 11월까지 북중 무역 데이터를 공개하지 않았다. 그 이후 무역 데이터 공개는 재개되었으나, 2009-2010년을 기점으로 중국의 중앙 및 지방 정부가 발간하는 각종 연감 자료에서 기존에 공개해 오던 북한 관련 데이터 중 많은 부분이 자취를 감추기 시작하였다. 북한과 경제교류가 가장 활발한 단둥과 옌볜조선족자치주는 각각 2009년, 2010년 연감부터 기존에 발표하던 북한과의 무역액 등이 삭제된 채 발간되고 있다. 이에 따라 신뢰성 있는 북중 경제 통계를 확보하기가 점점 더 어려워지고 있으며, 특히 단둥과 같은 지역단위의 대북 통계는 더욱 찾기 힘든 실정이다. 표 2-3에 제시된 데이터도 단둥의 2007년 이후 무역액 자료는 연감 등 공식 통계가 아니라 중국 언론에 보도된 수치를 종합한 것이다. 이 연구에서는 가능한 범위에서 최근 통계와 지역 데이터를 중심으로 설명하되, 자료가 가용하지 않을 경우 2000년 초·중반 통계와 북중 무역의 전체 데이터를 함께 참조하여 단둥에서 이루어지는 대북 경제교류의 특징을 살펴보고자 한다.

표 2-3은 옌볜조선족자치주와 단둥시의 대북무역액 추이를 보여 준다. 전반적으로 옌볜조선족자치주는 전체 대북무역액 중 20%, 단둥시는 30% 내외를 차지하고 있다. 단둥은 옌볜조선족자치주에 비해 적게는 3%, 많게는 24%까지 대북무역액에서 우위를 보인다. 이는 단둥이 바다, 강, 육로를 통해 북한과 연결되는 입지적 장점으로 북중 무역뿐만 아니라 북한과 다른 나라를 연결하는 중계무역의 거점으로도 역할이 크기 때문인 것으로 보인다. 또한 대북 원조물자 창구로서의 단둥의 역할, 선양(沈阳)과 신의주 등 배후 도시의 크기 등도 단둥의 대북무역액이 옌볜조선족자치주보다 큰 요인으로 작용하고 있다(강희정, 2002; 이옥희, 2011; 강주원, 2012).

표 2-3에 따르면 대북무역에서 단둥시가 차지하는 비중은 27-40% 수준으로, 이는 단둥이 대북무역의 60-70% 이상을 차지한다는 국내 언론보도 내용과는 다소 차이가 있다. 이것은 지역을 기준으로 하는 단둥시 무역액 통계와 경유 여부를 기준으로 하는 단둥 통상구(丹东口岸)[3] 물동량 통

**표 2-3** 옌볜조선족자치주와 단둥시의 대북무역액 추이 비교 (단위: 억 달러)

| 연도 | 북중 전체 무역액 | 옌볜조선족자치주(지린성) | | 단둥시(랴오닝성) | |
|---|---|---|---|---|---|
| | | 대북무역액 | 비중 | 대북무역액 | 비중 |
| 2005 | 15.8 | 2.6 | 16% | 6.3 | 40% |
| 2006 | 17.0 | 2.7 | 16% | 4.6 | 27% |
| 2007 | 19.7 | 2.8 | 14% | 6.0 | 30% |
| 2008 | 27.9 | 6.8 | 24% | 7.6[1)] | 27% |
| 2009 | 26.3 | 5.1 | 19% | – | – |
| 2010 | 34.7 | – | – | 10.0[2)] | 29% |
| 2011 | 56.3 | – | – | 18.6[3)] | 33% |

자료: 『丹东统计年鉴』(각 연도), 『延边年鉴』(각 연도).

주: 1) 「提供便利条件 大力发展对朝贸易」, 『商报网』(2010. 10. 1).

2) 「对朝经贸"一桥两岛"敞开丹东南大门」, 『丹东日报』(2012. 10. 13).

3) 「丹东将扩大对朝贸易 欲成区域经济枢纽」, 『中国日报』(2011. 3. 9).

계 사이의 혼동에서 기인한 것이다. 중국 통계상 단둥시의 무역액은 단둥시에 소재한 회사의 수출입량을 기준으로 한다. 반면에 단둥 통상구 물동량 통계란 단둥을 경유하여 오고간 화물량을 기준으로 한다. 구체적인 예를 들어 설명하면 다음과 같다. 표 2-3에서 2005년 단둥시 통계국에서 보고한 대북무역액은 6.3억 달러이다. 그러나 뒤에 제시될 표 2-5에서는 같은 해 단둥 통상구에서 발표한 대북물동량(186만 톤)을 기준으로 한 무역액은 8.4억 달러로 단둥시 통계와는 1.9억 달러 정도의 차이를 보인다.[4] 이러한 차이는 주로 원유 수출액에 대한 통계적 처리의 차이에서 발생한다. 원유 수출액은 원유 생산지 다칭유전(大庆油田)이 있는 헤이룽장성(黑龙江

3 중국에서 통상구란 원래 대외통상을 하던 연안 항구를 이르던 명칭이었으나, 지금은 외국과 물자와 인력 교류가 이루어지는 지점을 의미한다. 연계 수단에 따라 수로(바다, 강), 도로, 철로, 관로 통상구로 구분되고, 물동량의 수준에 따라 국가가 비준한 1류, 성급정부가 비준한 2류 통상구로 구분된다. 통상구는 일반적으로 지방정부 통상구사무실(口岸办公室)의 관리를 받으며, 지역세관(海关)으로부터 감독을 받는다.

4 「丹东口岸对朝进出口量值双增」, 『新华网』(2006. 1. 16).

省)의 무역 통계에 포함되지만, 단둥이 속한 랴오닝성 무역 통계에는 포함되지 않는다. 반면 원유 물동량은 단둥의 관로 통상구(송유관)를 통해 북한으로 보내지기 때문에 단둥 통상구의 대북 물동량 통계에 포함된다. 실제로 2005년 북한의 대중 원유 수입액은 1.9억 달러로 단둥시 통계국과 단둥 통상구 사이의 무역액 차이와 대략 일치한다. 즉, 언론보도 내용이 원유가 포함된 단둥을 경유하는 물동량 통계를 기준으로 한다면 이는 사실에 부합한다고 할 수 있다. 참고로 단둥시 시장은 2011년 중국 언론사와의 인터뷰에서 단둥 통상구를 중국의 대북물동량 중 60% 이상을 처리하는 중요 변경 통상구라고 소개한 바 있다.[5]

### (2) 물동량

단둥이 북중 경제관계에서 갖는 위상은 단둥의 대북 물동량 규모를 통해 더욱 확연히 알 수 있다. 북중 간 수출입은 주로 북중 접경지역 곳곳에 분포한 변경 통상구(口岸)를 통해 이루어진다. 북중 접경지역에는 분류 기준에 따라 조금씩 숫자가 달라질 수 있지만 그림 2-2에서 보는 바와 같이, 대략 11개 정도의 통상구가 운영되고 있다. 이들 통상구 중에서도 붉은색으로 표시한 단둥 · 투먼(圖們) · 취엔허(圈河) 통상구가 물량과 인원의 출입 규모가 큰 통상구들이다. 특히 단둥 통상구는 접경 통상구 중 수로, 도로, 철로, 관로 통상구를 모두 보유한 유일한 통상구이다.

표 2-4는 중국 접경 통상구의 최근 화물 물동량과 입출경 인원의 추이를 보여 준다. 이 표를 통해서 알 수 있듯이 단둥의 수로(항구) 통상구를 제외한 모든 중국 통상구들은 북한 상대 세관과의 북중무역만을 담당하고 있다. 단둥의 통상구 중 철로, 도로, 관로 통상구 역시 다른 통상구와 마찬가지로 북한과의 무역만 전담한다. 다만, 단둥의 수로 통상구, 구체적으로

---

5 「丹东将扩大对朝贸易 欲成区域经济枢纽」, 『中国日报』(2011. 3. 9).

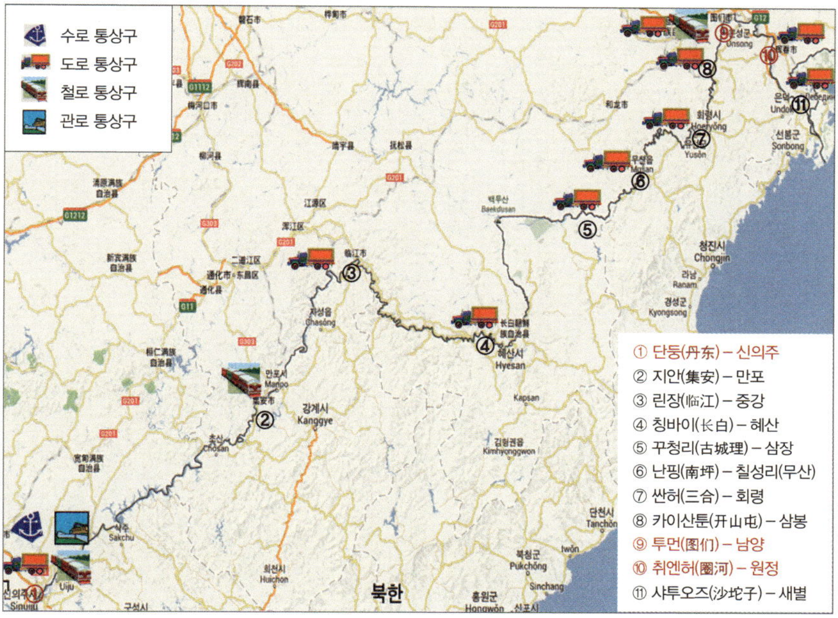


**그림 2-2** 북중 접경지역의 주요 통상구

는 그중에서도 해항(海港)인 다둥항(大东港) 통상구는 국제항으로 북한 이외의 국가와도 교역이 이루어진다.[6]

2011년 기준으로 단둥 통상구 중에서 철로 통상구와 도로 통상구의 물동량만으로도 100만 톤이 넘는다. 이는 북중 접경 지역의 다른 모든 통상구의 물동량을 모두 합친 것보다도 큰 규모이다. 여기에 단둥은 관로 통상구(송유관)를 통해 매년 50만 톤 규모의 원유를 북한으로 보내고 있다.

그러나 정작 가장 큰 규모의 북중 물동량은 단둥의 바다와 강을 이용한 수로 운송을 통한 것이다. 표 2-4에는 2011년 단둥 수로(항구) 통상구

6 단둥항 통상구(丹东港 口岸)는 해항(海港)인 다둥항(大东港)과 하항(河港)인 랑터우항(浪头港) 2개의 항만을 합친 개념이다. 랑터우항은 압록강 하구에 위치해 북한과의 통상만을 전문으로 하는 항만인 데 비해, 다둥항은 북한 외의 다양한 국가와도 교역이 이루어지는 국제항이다.

**표 2-4** 북중 주요 통상구의 물동량과 입출경 인원

| 성급 행정구 | 지급 행정구 | 현급 행정구 | 통상구 | 종류 | 등급 | 북한 세관 | 화물 물동량(만 톤) | | | | 입출경 인원(만 명) | | | |
|---|---|---|---|---|---|---|---|---|---|---|---|---|---|---|
| | | | | | | | 2008 | 2009 | 2010 | 2011 | 2008 | 2009 | 2010 | 2011 |
| 랴오닝성(辽宁省) | 단둥시(丹东市) | 단둥시할구(丹东市辖区) | 단둥(丹东) | 도로 | 1 | 신의주 | 37.4 | 53.0 | 46.6 | 60.6 | 4.2 | 7.8 | 9.0 | 14.7 |
| | | | | 철로 | 1 | | 63.2 | 41.9 | 30.6 | 46.3 | 6.8 | 3.7 | 6.3 | 7.6 |
| | | | | 관로 | 1 | | 52.8 | 51.9 | 52.5 | 52.9 | | | | |
| | | 단둥시할구, 둥항시(东港市) | 단둥(丹东) | 수로 | 1 | | 422.5 | 426.7 | 454.5 | 580.8 | | | | |
| 지린성(吉林省) | 통화시(通化市) | 지안시(集安市) | 지안(集安) | 철로 | 1 | 만포 | 4.0 | 17.7 | | | 7.9 | 8.9 | | |
| | 바이산시(白山市) | 린장시(临江市) | 린장(临江) | 도로 | 1 | 중강 | 2.5 | 3.5 | | | 0.9 | 0.9 | | |
| | | 창바이조선족 자치현(长白朝鲜族自治县) | 창바이(长白) | 도로 | 2 | 혜산 | 8.1 | 9.1 | | | 24.0 | 18.7 | | |
| | 옌볜조선족 자치주(延边朝鲜族自治州) | 허룽시(和龙市) | 꾸청리(古城理) | 도로 | 2 | 삼장 | 7.0 | 6.0 | 8.0 | 9.5 | 0.8 | 0.9 | 1.2 | 1.1 |
| | | | 난핑(南坪) | 도로 | 1 | 칠성리(무산) | 86.0 | 68.0 | 53.1 | 44.1 | 5.9 | 4.2 | 4.9 | 3.0 |
| | | 룽징시(龙井市) | 싼허(三合) | 도로 | 1 | 회령 | 12.0 | 8.2 | 5.0 | 14.8 | 2.7 | 2.1 | 1.8 | 2.6 |
| | | | 카이산툰(开山屯) | 도로 | 1 | 삼봉 | 1.2 | 1.4 | 1.2 | 0.3 | 0.9 | 0.7 | 0.6 | 0.3 |
| | | 투먼시(图们市) | 투먼(图们) | 도로 | 1 | 남양 | 5.8 | 6.9 | 7.5 | 13.0 | 2.5 | 1.9 | 2.9 | 2.6 |
| | | | | 철로 | 1 | 남양 | 31.6 | 10.6 | 14.1 | 4.4 | 1.7 | 0.9 | 0.1 | 0.2 |
| | | 훈춘시(珲春市) | 취엔허(圈河) | 도로 | 1 | 원정 | 18.5 | 18.7 | 12.2 | 19.6 | 14.7 | 14.6 | 15.6 | 26.1 |
| | | | 사투오즈(沙坨子) | 도로 | 2 | 새별 | 1.4 | 1.6 | 2.5 | 1.3 | 4.8 | 5.1 | 0.8 | 0.4 |

자료: 『中国口岸年鉴』(각 연호).

의 물동량이 580만 톤으로 나와 있다. 그러나 앞서 설명했듯이, 제시된 통계는 북한 외 지역과의 물동량도 포함된 수치이다. 따라서 이 가운데 얼마만큼이 북한과 중국 간 물동량인지 정확히 파악하기는 어렵다. 다만, 과거 통계를 이용하여 추정해 볼 수는 있다. 2005년 단둥 통상구를 통과한 대북 수출입 화물 중 원유(52.3만 톤)를 제외한 물량은 133.7만 톤이고, 이에 해당하는 대북수출입액은 6.3억 달러였다. 그런데 2011년 단둥의 대북무역액이 18.6억 달러로, 단순히 무역액 증가와 물동량 증가율이 같다고 가정하면, 2011년 대북 물동량은 대략 400만 톤이라는 추정이 가능하다. 여기에서 2011년 기준 육로 통상구를 경유한 100만 톤의 물동량을 제외하면, 해상으로 운송된 물동량 규모는 300만 톤 정도일 것으로 추정된다. 종합하면, 2011년 기준으로 단둥의 해상과 육로를 통해 400만 톤, 송유관을 통해 50만 톤으로, 총 450만 톤가량의 화물이 처리된 것이다. 이와 같은 물동량 규모는 북중 경협에 있어 단둥의 중요한 위상을 단적으로 보여 준다고 할 수 있다.[7]

표 2-4는 단둥 통상구 외에도 북중 물동량 및 입출경 인원과 관련한 몇 가지 중요한 정보를 담고 있다. 특징적인 부분을 설명하면 다음과 같다. 첫째, 통상구 전체적으로 철도 운송 비중이 축소되고 있다. 북중 접경지역에서 단둥, 투먼, 지안(集安) 3곳이 철로 통상구를 통해 연결되어 있다. 이 가운데 단둥과 투먼 철로 통상구의 2008년과 2011년 물동량을 비교하면, 각각 2011년 물동량은 2008년 물동량의 73%와 14% 수준에 불과하다. 육로를 이용한 물동량의 감소는 북한 철도 시설의 노후화에 따른 잦은 운행

---

7 최근 나타난 북중 간 물류 변화에 주목한 이석(2013)에 따르면, "1998년 북한 전체 수출의 약 85%를 차지하던 동북 3성(랴오닝성, 지린성, 헤이룽장성)의 절대적 비중은 2012년 들어 49%로 감소한 반면 산둥성과 허베이성은 5% 이하에서 38%까지 급증했다." 즉, 최근에는 적어도 북한의 대중수출에 있어 단둥의 역할이 과거에 비해 다소 축소되었다고 볼 수 있다.

중단과 지연으로 이를 대체할 도로 운송량이 증가했기 때문인 것으로 보인다. 같은 기간 단둥과 투먼의 도로 통상구를 통한 물동량이 각각 162%와 224%로 급증한 것이 이러한 추론을 뒷받침해 준다.

둘째, 창지투 선도구개발계획,[8] 나진-훈춘 연계개발[9] 등 지린성 정부의 북중연계개발사업이 아직까지 이 지역 물동량의 변화로 이어지지 못하고 있다는 점이다. 특히 나진항과 직접 연결되어 있는 훈춘시 취엔허 통상구의 물동량은 전반적으로 증가하고는 있지만, 큰 폭의 변화는 보이지 않는다. 다만, 취엔허 통상구의 2011년 입출경 인원은 26만 명으로 북중 접경지역의 통상구 중 가장 큰 규모이고, 2010년에 비해 67.3%나 증가한 점은 주목할 만하다. 이러한 입출경 인원의 급증은 기존의 관광, 카지노, 친척 방문 외에도 지린성의 북중연계개발사업과 관련된 기업인, 노동자, 공무원 등의 상호 방문이 증가했기 때문일 것이다. 나진항의 물동량과 관련해서, 자유아시아방송(RFA)은 훈춘시의 '올해 주요 교통망 운용에 관한 계획'을 인용하여 "2012년 훈춘-나진-상하이, 닝보 화물노선을 통해 훈춘산 석탄 50만 톤을 반출하였고, 훈춘시 정부는 조만간 나진항을 이용한 새로운 항로를 개척하여 다양한 물품을 반출하기로 계획하고 있다."라고 보도한 바 있다.[10] 이 보도 내용이 사실이라면, 북중 서부접경지역에는 단둥 통상구가, 동부접경지역에는 취엔허 통상구가 중심 통상구로서의 위상이 확고해질 것으로 예상된다.

셋째, 북한 무산광산과 직접 접해 있어 철광석 통관이 주를 이루는 난핑(南坪) 통상구의 물동량이 계속 줄고 있다는 점이다. 북한 무산광산에

8 창춘시(長春市)-지린시(吉林市)-투먼(图们)강 일대를 연계하여 개발하는 계획으로 2009년 중국 중앙정부의 비준을 받았다.

9 중국은 2009년 원자바오(溫家寶) 총리의 방북을 계기로 나진항 1호 부두의 개발권을 확보하고, 나진-원정 간 도로 보수사업도 지원한 것으로 알려져 있다(원동욱, 2009).

10 「중 나진항 화물운송 확대 다변화 나서」, RFA(2013. 2. 5).

대한 중국 기업의 투자액은 언론보도에 따라 4천만 달러에서 70억 위안으로 차이가 있지만 중국 최대의 대북투자사업임에는 틀림없다. 지금까지의 언론보도 내용을 종합해 보면 2005년 통화(通化)철강그룹, 옌볜톈츠(延邊天池)공사, 중강(中鋼)그룹 등이 참여한 컨소시엄이 무산광산 장기 개발권을 확보했으나 철광석 단가, 설비와 현금 투자, 북한의 생산량 회수분 등과 관련하여 북한 당국과 지속적으로 갈등을 빚다가 2007년에서 2008년 사이 합작계약이 파기되었다. 이후 중국 우쾅(五矿)그룹이 북측과 투자 관련 협상을 진행했으나 양측의 입장 차이로 타결에 이르지 못한 것으로 알려져 있다.[11] 표 2-4에 나타난 난핑 통상구 물동량 추이는 이러한 언론보도가 어느 정도 신빙성이 있음을 보여 준다. 2008년 북중 육로 통상구 중 가장 많은 86만 톤을 기록했던 난핑 통상구의 물동량은, 2011년에는 절반 수준인 44만 톤까지 하락하였다. 이러한 통계수치는 단편적이나마 중국 기업이 진행하는 대북투자의 위험성에 대한 일면을 보여 준다고 할 수 있다.

## 2) 단둥시 대북 경제교류의 제도적 특징

지금까지 북중 간 무역량과 물동량 추이를 통해 북중 경제교류 중심지로서 단둥의 역할을 확인하였다. 여기서는 경제교류 통계 이면에서 작동하는 제도적 측면에 대해 살펴보고자 한다. 표 2-5는 단둥을 통한 대북무역이 구체적으로 어떤 방식으로 이루어지는지 보여 준다. 중국 세관은 자국의 수출입 무역액에 대해 열아홉 가지의 세부 무역 방식으로 분류하지만,

---

11 「무산광산이 中 손에? … 합작 파기로 배급도 못해」, 『데일리NK』(2007. 11. 22); 「北 무산 철광산 … 중국, 개발 중단」, 『조선일보』(2012. 10. 17); 「북중관계 얼려버린 광산개발권」, 『시사인』(2012. 10. 20).

**표 2-5** 단둥 통상구의 무역 방식별 대북무역액(2005년, 물동량 기준)

| 무역 방식 | 무역액(억 달러) | 비중(%) |
|---|---|---|
| 일반무역 | 4.3 | 51.2 |
| 변경(소액)무역 | 2.1 | 25.0 |
| 보세무역 | 1.3 | 15.5 |
| 가공무역 | 0.2 | 2.4 |
| 기타 | 0.5 | 6.0 |
| 계 | 8.4 | 100 |

자료: 「丹东口岸对朝进出口量值双增」, 『新华网』(2006. 1. 16).
주: 단둥 통상구에서 대북무역에 대해 세부 무역 방식까지 포함된 무역액 통계(물동량 기준)를 외부에 공개한 것은 2005년이 유일한 것으로 확인됨.

북중 간 주요 무역 방식은 표 2-5와 같이 크게 네 가지로 분류하는 것이 일반적이다.[12]

단둥 통상구를 경유하는 무역은 일반무역, 변경소액무역(边境小额贸易, 이하 변경무역), 보세무역, 가공무역으로 분류할 수 있다. 표 2-5에서 보는 바와 같이 이 중에서는 일반무역의 비중이 가장 높은 것으로 나타난다. 이는 일반무역 통계에 단둥 관로 통상구를 통한 원유 수출이 포함되기 때문이다. 원문 자료에 따르면 원유 수출액은 2005년 1.9억 달러로 제시되는데, 이는 해당 연도에 북한의 대중 원유 수입액과도 일치한다. 일반무역 통계에서 이와 같이 압도적인 비중을 차지하는 원유 무역액을 제외하면, 단둥 통상구의 무역 방식별 무역액은 일반무역, 변경무역, 보세무역 방식이 각각 20-30% 내외로 비슷한 비중을 차지한다. 따라서 이 연구에서는 단둥의 주요한 세 가지 무역 방식의 제도적 특징을 중심으로 논의를 진행하고자 한다.

무역제도의 분석에 주로 사용하게 될 데이터는 중국 세관이 발표한 무

12 무역 방식의 세부 분류에 대해서는 〈부록〉을 참고하라.

역 방식별 대북수출입 통계로, 2001-2012년에 작성된 연간 무역 데이터[13]이다. 단둥 통상구를 통한 대북무역액 규모가 전체의 60% 이상임을 감안하면, 북중 전체의 무역 방식별 수출입 데이터를 통해 단둥의 대북무역제도의 특징을 분석하는 것에는 큰 무리가 없을 것으로 생각된다. 그리고 단둥은 무역뿐만 아니라 북한 인력의 진출과 대북원조의 중심지이기도 하다. 따라서 북중 무역제도와 함께 인력 진출, 원조 등의 제도에 대해서도 함께 설명하겠다.

### (1) 일반무역과 변경무역

중국의 무역 방식 중 일반무역이란 말 그대로 국가 간의 통상적인 무역 방식에 따른 상품거래인 반면, 변경무역은 여러 나라와 국경을 접하고 있는 중국이 낙후된 변경지역의 발전을 위해 일정 지역에 한해 특혜를 부여하는 중국만의 특수한 무역 방식이다. 일반무역과 변경무역의 두 가지 방식을 통해 교역된 무역액의 합은 전체 북중 무역액 중 평균적으로 70%를 상회한다.

통계상 일반무역과 변경무역은 수출입의 주체가 되는 기업이 '일반무역 허가증'을 가진 일반무역회사인지, '변경소액무역경영권'을 가진 변경소액무역회사인지에 따라 구분된다. '변경소액무역회사'라고 해서 소규모 무역거래만 취급할 수 있는 것은 아니다. 변경소액무역회사는 정부로부터 '변경소액무역경영권'을 획득한 기업으로, 무역 방식과 경영 범위, 무역액

---

13 앞서 언급한 바와 같이 2009년 중국 세관의 북중 무역 데이터 중 8-11월은 데이터가 누락된 채 발표되었다. 이때 중국의 대북수입액은 5억 달러로 보고되었다. 그러나 UN Comtrade 통계에 보고된 2009년 대북수입액은 8억 달러였다. 따라서 이 두 수치 사이의 차이인 3억 달러가 바로 8-11월까지 누락된 무역액이라 볼 수 있다. 본 연구에서는 이 점에 착안하여 2009년 중국 세관 데이터 중 발표된 1-7월과 12월의 무역 방식, 상품별 무역액의 비중을 산정하고, 이를 UN Comtrade의 상품별 무역 데이터에 적용하여 2009년 전체 무역 데이터를 복원하였다. 이후 분석에서는 2009년 무역액에 대해 이렇게 복원된 데이터를 통해 분석했음을 밝힌다.

에 있어 제한을 받지 않는다. 단, 이들 회사는 지역적인 제한을 받게 되는데 변경무역의 범위를 국경선에 접해 있는 변경 현, 변경 도시 관할구로 제한하고 있다.

제도적으로 볼 때 과거에는 일반무역과 변경무역의 가장 중요한 차이는 세제혜택이었다. 변경무역에 대한 세제혜택은 1996년 소위 '국무원 2호 문건'이라 불리는 '국무원의 변경무역에 관한 통지(國務院關於邊境貿易有關問題的通知)'로부터 시작되었다. 이 문건에는 변경무역에 대해 수입관세와 수입 증치세(增值税, 부가가치세)를 50% 감면하는 세율특혜정책이 포함되어 있다. 중국의 관세율과 증치세율은 품목에 따라 다양하지만 증치세율은 대략 13-17%, 평균 수입 관세율은 9.8% 정도이다. 따라서 변경무역제도의 특혜로 각각의 세액에서 50%씩 절감되면 상당한 수입원가 절감효과를 가져올 수 있다.

하지만 2001년 중국이 WTO에 가입하면서 변경무역에 대한 특혜관세 부여가 WTO 최혜국규정에 저촉되는 문제가 생겼다. 이에 따라 2004년 7월부터 국가세무 부분에서 수입 증치세 50% 감면 혜택이 취소되거나 감세 품목이 축소되었다는 보도가 있었고,[14] 공식적으로는 재정부(财政部)가 2008년 발표한 '변경무역을 발전시키기 위한 재정 및 세수정책 관련 통지(关于促进边境贸易发展有关财税政策的通知)'를 통해 변경무역에 대한 세제혜택이 폐지되었다. 따라서 2008년 이후 중국의 대북수입에 있어서는 변경무역과 일반무역 방식의 세제 차이는 사실상 없어졌다.[15]

이러한 제도적 변화는 중국의 북한 수입 데이터에서도 그대로 드러나는데, 표 2-6에서 보는 바와 같이 2008년 수입 세제혜택이 폐지되는 시점

14 「중국, 변경무역 감세 품목 축소」, 『KOTRA』(2004. 10. 29).

15 2013년 8월 단둥의 시정부 관리와 기업인을 대상으로 한 인터뷰에서도 변경무역에 대한 특혜가 없어졌기 때문에 일반무역과 차이가 없다는 진술을 확보할 수 있었다.

**표 2-6** 북중무역 중 일반무역과 변경무역의 비중 (단위: %)

| 무역 방식 | | 2001 | 2002 | 2003 | 2004 | 2005 | 2006 | 2007 | 2008 | 2009 | 2010 | 2011 | 2012 |
|---|---|---|---|---|---|---|---|---|---|---|---|---|---|
| 북→중 | 일반무역 | 6 | 3 | 5 | 13 | 30 | 28 | 38 | 32 | 36 | 45 | 49 | 47 |
| | 변경무역 | 24 | 20 | 21 | 26 | 36 | 36 | 30 | 31 | 31 | 22 | 20 | 20 |
| 중→북 | 일반무역 | 61 | 64 | 69 | 71 | 63 | 60 | 60 | 55 | 51 | 55 | 58 | 58 |
| | 변경무역 | 20 | 21 | 18 | 18 | 24 | 27 | 28 | 20 | 28 | 26 | 23 | 25 |

자료: 中国海关统计.

**표 2-7** 중국의 대북무역(일반무역, 변경무역) 수입 상위 품목 (단위: 백만 달러)

| 품목명 | 일반무역 | | | | 품목명 | 변경무역 | | | |
|---|---|---|---|---|---|---|---|---|---|
| | 2009 | 2010 | 2011 | 2012 | | 2009 | 2010 | 2011 | 2012 |
| 석탄 | 191 | 327 | 948 | 945 | 석탄 | 62 | 37 | 162 | 184 |
| 철광 | 49 | 118 | 168 | 133 | 철광 | 43 | 75 | 152 | 112 |
| 아연괴 | 16 | 42 | 52 | 39 | 연체동물 | 18 | 31 | 27 | 33 |
| 선철 | 10 | 21 | 16 | 13 | 연광 | 16 | 14 | 23 | 35 |
| 귀금속광 | 2 | 6 | 12 | 9 | 선철 | 20 | 12 | 26 | 29 |

자료: 中国海关统计.

을 기준으로 중국의 변경무역을 통한 수입 비중이 감소하는 동시에 일반무역의 수입 비중은 증가하고 있다.

2009년 이후 중국의 대북 수입 데이터에서 석탄과 철광 등의 광물이 주요 수입 품목이 되는 등 두 무역 방식의 상품구조도 거의 유사해진다(표 2-7 참조).

그렇다면, 세제상 혜택이 폐지된 이후에도 여전히 변경무역 방식이 북중 수출입 모두에서 20%가 넘는 비중을 차지한 이유는 무엇일까? 여기에는 크게 두 가지 요인이 작용하는 것으로 보인다. 첫째는 변경무역이 일반무역에 비해 상대적으로 간소한 통관처리와 외환관리를 받는다는 것이다.[16] 둘째는 변경소액무역기업에 대한 수출쿼터 우선 배정의 혜택이다.

앞서 언급한 1996년 '국무원 2호 문건'에서는 변경소액무역기업에 대해 수출쿼터 배정에서 우선권을 부여하고 있다. 이 가운데 첫 번째는 행정 절차상 이루어지는 부분으로 이를 무역 데이터를 통해 확인하기는 어렵다. 이에 비해 변경무역의 수출쿼터 우선권은 중국의 대북 수출 데이터를 통해 어느 정도 확인이 가능하다. 표 2-8에서 보는 바와 같이, 중국의 대북 수출상품 구조에서는 수입상품 구조에 비해 두 무역 방식의 차이가 확연히 드러난다. 일반무역 수출 품목은 원유, 석유제품 등 주로 에너지 관련 제품임에 비해, 변경무역 수출 품목은 밀가루, 쌀, 콩기름 등 식품류가 주를 이룬다. 이 표에서 음영으로 표시된 상품들은 수출 시 쿼터허가증이 필요한 품목들이다.[17] 중국의 대북무역에서 수출쿼터를 적용받는 제품 중 원

16 현지 단둥 대북거래 기업인을 인터뷰해 보면, 대북 수출입 절차에 있어 변경소액무역회사가 가지는 편의는 크게 두 가지로 파악된다. 첫째, 대금 결제상의 편리함이다. 중국의 외환관리 규정에 따르면 수출입 대금은 은행을 통한 거래를 기본으로 규정하고 있고, 은행계좌상의 외환 입출과 수출입 통관상의 액수가 일치하여 외환수지가 맞아야 한다. 하지만 북한과의 거래에서는 은행을 통한 정상적인 무역대금 결제가 불가능하고, 현금 결제나 물물교환 형식인 경우가 많다. 변경무역의 경우 관리 당국에서 현금 결제, 물물교환 방식의 대금 상계를 인정해 준다(혹은 수출입대리회사가 다른 나라와의 국제무역 거래내역을 이용하여 대북거래의 외환 수지 불일치 액수를 서류상 일치하도록 만들더라도 이를 용인해 준다). 둘째, 수출입 가격 신고의 편의이다. 일반적으로 수입 원가는 국내 평균가격이나 국제가를 기준으로 하게 된다. 하지만 변경무역인 경우 쌍방이 합의한 가격을 기준으로 수입 원가를 신고하더라도 인정되는 경우가 많다는 것이다. 참고로 이종운·홍이경(2013)에서는 현지 인터뷰 내용을 인용하며 변경무역의 장점에 대해, "변경무역의 경우에는 수출입과 관련된 내역을 세관에 통보하면 되고 별도의 외화 반출입에 대한 증빙서류를 제출하지 않아도 된다. 더욱이 변경무역에서는 현금거래, 현물교환 등 은행을 거치지 않는 교역이 활용되고 있으며, 무역업체들에 대한 정부의 자금 및 외환계좌 관리 감독이 엄격하지 않다."라고 기술하고 있다.

17 중국 상무부(商务部)와 해관이 2012년 발표한 '2012년 수출허가증 관리목록(2012年出口许可证管理货物目录)'을 보면 수출쿼터 허가를 받아야 하는 상품 목록에는 밀, 옥수수, 쌀, 밀가루, 옥수숫가루, 쌀가루, 면화, 목재, 살아 있는 가축(홍콩, 마카오 수출용), 돼지(홍콩, 마카오 수출용), 닭(홍콩, 마카오 수출용), 석탄, 코크스, 원유, 석유제품, 희토류, 안티몬 및 안티몬 제품, 텅스텐 및 텅스텐 제품, 아연 광석, 주석 및 주석 제품, 은, 인듐, 인듐 제품, 몰리브덴, 인산염 등이 포함되어 있다. 특히 2008년 중국 상무부가 식량안보 확보 차원에서 발표한 '2008년 곡물제분 수출쿼터 신청조건 및 신청절차(2008年粮食制粉出口配额申请条件和申报程序)'에 따르면, 중국 유통업체가 북한의 주

**표 2-8** 중국의 대북무역(일반무역, 변경무역) 수출 상위 품목 (단위: 백만 달러)

| 품목명 | 일반무역 | | | | 품목명 | 변경무역 | | | |
|---|---|---|---|---|---|---|---|---|---|
| | 2009 | 2010 | 2011 | 2012 | | 2009 | 2010 | 2011 | 2012 |
| 원유 | 239 | 326 | 518 | 578 | 화물자동차 | 20 | 42 | 72 | 57 |
| 통신기기 | 23 | 61 | 83 | 84 | 밀가루 | 27 | 40 | 48 | 54 |
| 화물자동차 | 30 | 46 | 67 | 84 | 쌀 | 26 | 18 | 25 | 25 |
| 합성직물 | 21 | 40 | 55 | 66 | 합성직물 | 29 | 15 | 13 | 32 |
| 석유제품 | 24 | 29 | 46 | 47 | 콩기름 | 24 | 13 | 18 | 24 |

자료: 中国海关统计.

주: 음영으로 표시된 셀은 수출 시 쿼터허가증이 필요한 품목이다.

유, 석유제품과 같이 사실상 중앙정부나 대규모 국유기업이 독점하는 품목을 제외한다면, 식량과 관련되어 쿼터를 적용받는 품목은 대부분 변경무역제도를 통해 거래되고 있다. 북한의 식량 수입 중 가장 큰 부분을 차지하는 밀가루(HS 1101)의 경우 변경무역으로 거래되는 액수가 2012년 기준으로 5,400만 달러인 데 비해, 일반무역의 거래량은 900만 달러에 불과하다. 거래규모가 두 번째로 큰 쌀(HS 1006)의 경우도 변경무역이 2,500만 달러인 데 비해, 일반무역은 5만 달러로 거의 변경무역을 통해서만 거래가 이루어짐을 알 수 있다.

여기서 일반무역과 변경무역의 주요 대북 수입품이 석탄, 철광석과 같이 일정 규모의 북한 현지 투자가 수반되는 품목이고, 수출품은 원유, 석유제품, 쌀, 밀가루와 같이 중앙정부로부터 수출쿼터를 받아야 하는 제품이란 점에 주목할 필요가 있다. 이는 북한과의 대규모 무역거래를 통해 이익을 확보하기 위해서는 회사 규모, 중앙 정부와의 정치적 관계 등이 중요

요 수입품인 밀가루 등의 곡물제분 수출쿼터를 받기 위해서는 1) ISO9000 품질인증서, 2) ISO14001 환경관리인증서, 3) 5대 보험(실업, 의료, 산재, 출산 등) 가입증명서 등 까다로운 자격 요건을 충족하도록 규정하고 있다.

함을 의미한다. 즉, 중국에서 북한과의 대규모 거래와 관련된 사업 분야는 진입장벽이 높다는 것이다. 그러나 일단 안정적으로 진입할 수만 있다면 상당한 고수익이 보장되는 것 또한 대북사업의 특징이다. 이와 관련된 대북사업의 비즈니스 네트워크의 특징에 대해서는 제3장 기업 설문조사 분석을 통해 상술하도록 한다.

표 2-8에서 일반무역과 변경무역의 수출 상위 품목 중에 겹치는 품목은 합성직물(HS 5407)과 화물자동차(HS 8704)이다. 이를 통해 북한 산업의 현실을 조금이나마 엿볼 수 있다. 우선 화물자동차의 수입 증가는 평양 10만호 건설사업 등 북한 내 토목, 건설 사업 확대와 중국 기업의 북한 지하자원 개발 차원에서 장비 반입이 이루어진 때문으로 보인다(윤병수, 2012).

중국에서 북한으로 섬유 수출이 증가한 것은 위탁가공거래 증가와 직접적인 연관이 있는데, 이에 대해서는 중국의 무역제도와 관련하여 좀 더 자세히 살펴볼 필요가 있다. 북중 간 위탁가공거래는 일반적인 국제 위탁가공무역 방식과는 다소 다른 양태로 이루어진다. 이해를 돕기 위해 북중 간 임가공 거래의 흐름을 도식화하면 그림 2-3과 같다. 즉, 북중 간 위탁가공거래는 수출의 경우 '일반무역'과 '변경무역' 방식으로, 수입은 앞으로 설명하게 될 '보세무역'을 통해 이루어지는 경우가 많다.

그림 2-3을 기초로 위탁가공거래가 이루어지는 순서를 설명하면 다음과 같다. 우선 중국의 의류 임가공 대리회사가 유럽과 남한 등 제3국 주문자로부터 생산 주문을 받는다. 의류 임가공의 생산 주문 형식은 크게 임가공, CMT, 완사입(완제품사입 방식) 등이 있다.[18] 중국 대리업체는 이윤

18 임가공은 원자재나 부자재를 제공하고 생산업체에서는 임가공비를 받고 제품을 생산하는 방식이다. CMT는 Cutting, Making and Trimming의 약자로서 재단, 봉제, 마무리 공정을 의미하는데, 원자재만 공급하고 나머지 부자재나 생산공임은 생산업체에서 부담하는 생산 방식을 일컫는다. 완사입, 즉 완제품사입 방식의 경우 생산업체에 샘플을 제시하여 원자재 구입부터 부자재, 생산공임을 모두 생산업체가 책임을 지고 생산하는 경우를 말한다. 널리 알려진 OEM(주문자상표부착생산) 방식도 완사입의 범주에 포함

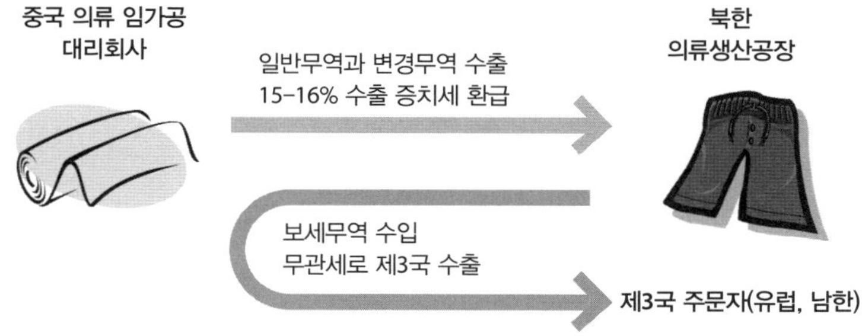


**그림 2-3** 북중 간 임가공 거래 흐름도

을 높이기 위해 완사입 방식을 상대적으로 선호한다. 왜냐하면 완사입 방식은 원·부자재 구입 권한까지 중국 대리업체에게 위임하는 것인데, 구입한 원자재(주로 원단)를 북한에 수출할 경우 '수출 증치세 환급'이라는 부수적인 수입을 얻을 수 있기 때문이다. 방직원료와 섬유에 대한 중국의 증치세율은 17%인데, 이를 다시 수출할 경우 전액에 가까운 15-16%의 수출증치세를 환급받게 된다.[19] 수출 증치세에 대한 환급률은 일반무역과 변경무역 사이에 차이가 없이 동일하다. 북한에서 생산된 의류제품이 다시 일반무역 또는 변경무역을 통해 중국 시장에 들어오는 경우는 드물다. 왜냐하면, 중국의 의류제품에 대한 수입관세는 기본(보통) 세율을 기준으로 90-130%에 달해 중국 시장으로의 수입이 사실상 어렵기 때문이다. 북한에서 생산된 의류제품은 대부분 단둥의 보세창고를 경유하는 보세무역 방식으로 제3국의 원청기업에게 재수출된다.

변경무역에는 위에서 설명한 '변경소액무역'과 함께 '변경호시무역(边

---

된다.

19 섬유와 관련하여 중국은 방직업 진흥계획에 의해 2009년 2월부터 3,325개 품목의 수출 증치세 환급률을 기존 14%에서 15%로 인상하여 관련 업계의 부담을 경감한 데 이어 4월부터 방직의류, 전자, 화공제품 3,802개 품목에 대해 다시 인상했는데, 그중 방직품과 의류의 증치세 환급률은 15%에서 16%로 인상되었다(한국섬유산업연합회, 「중국섬유산업동향」, 2012. 1).

境互市贸易)'이란 제도가 있다. 변경호시무역은 국경선 20km 이내 지역에 중국 정부의 허가를 받은 개방지역 혹은 시장에서 규정된 금액을 초과하지 않는 범위에서 이루어지는 교역 활동을 말하며, 규정된 금액 이내의 수입 물품에 대해서는 수입 관세와 수입 증치세가 면제된다. 1996년 국무원 규정에서는 3천 위안 이하의 거래를 면세 범위로 지정하였다. 그러나 2008년 개정된 규정에서는 변경무역에 대한 세제혜택을 폐지하는 대신 변경호시무역의 면세 범위를 8천 위안까지 확대하였다. 이러한 제도적 뒷받침으로 인해 중국 서남부의 윈난성(雲南省)과 광시성(广西省) 등 베트남, 태국의 국경지역에 변경호시시장을 설치하고 활발히 운영하고 있다.[20] 변경무역의 수출입 내역은 수출입 통계에 반영되는 반면, 변경호시무역을 통한 거래는 공식 통계에 포함되지 않는다.

북중 간에도 중국 변경도시를 중심으로 변경호시시장을 설치하려는 시도가 꾸준히 있어 왔으나 아직까지 성공적으로 운영된 사례는 없다. 최초의 시도로 1997년 6월에 북한 나선특구 원정리 세관 부근에 북중 변경호시시장이 개설된 바 있다. 원정리 호시시장은 활발히 운영되어 하루 진입 인원이 500명, 일 교역액은 40-60만 위안에까지 달하였다. 하지만 1999년 5월에 북한 측이 외화 유출을 막는다는 이유로 일방적으로 외화 유통을 금지함에 따라 시장이 폐쇄되었다. 2008년에는 칭바이현(长白县) 통상구 옆에 중조호시무역센터를 건립했으나, 북한 측이 통행을 제한하여 시장이 개장하지도 못하였다(림금숙, 2012). 그리고 2010년 10월 투먼시에서

20 일례로, 광시성 팡청강(防城港)시는 베트남과 접경지로서 국무원에서 비준한 샤강(沙港), 장산강(江山港) 등 2개의 변경무역 및 지방무역 통상구(口岸)와 성정부에서 비준한 둥싱(東興), 양우(楊屋), 퉁중(峒中), 탄산(灘散), 리훠(里火) 등 5개의 변경호시시장(邊民互市貿易点)이 있다. 1988년부터 2000년까지 팡청강시의 변경소액무역액(边境小额贸易)이 60억 위안, 변경호시무역액(互市貿易)이 114억 위안으로서 연평균 18억 위안의 교역이 이루어졌다(KOTRA, 중국 광시성-베트남 변경지역무역투자환경 조사, 2005. 12).

투먼 통상구 부근에 중조변경시장을 개장하였으나, 북측 인원이 나오지 않아 현재까지 개점 휴업 상태로 있다. 단둥 신도시 부근의 임항공업단지나 북한 측의 황금평, 비단도 지역 등에 호시무역구(互市貿易區) 설치를 북한에 건의한 것으로 알려져 있으며, 2015년 10월 단둥 신도시 구어먼 지역에 호시무역시장(门湾中朝边民互市贸易区)이 개장되었으나 아직까지 북중 국경주민 간의 실제적인 거래는 이루어지지 못하는 상황이다. 북한이 이처럼 변경호시무역에 소극적인 이유는 교역 물품에 대한 북한 정권의 엄격한 통제, 북한 주민의 탈북 우려, 북한 세관의 세수 감소 우려 등이 복합적으로 작용한 것으로 보인다(손수윤, 2007; 림금숙, 2012).

### (2) 보세무역

북중 보세무역이란 북한 물품이 중국을 경유하여 제3국으로 수출되거나 제3국으로부터 수입되어 북한으로 들어가는 무역 형태를 의미한다. 이는 북한의 수출입 과정에서 중국을 경유할 뿐이므로, 엄밀한 의미에서 본다면 북중교역으로 보기 어려운 측면이 있다. 그러나 보세무역은 2000년대 초에 북한의 대중수출 중 70% 이상을 차지하고, 2010년 이후에도 20% 이상을 차지하는 중요한 무역 방식이다. 따라서 2000년대 이후 북한의 대외무역 패턴 변화를 분석하는 데 이 제도에 대한 이해는 매우 중요하다. 단둥이 북중무역의 핵심 창구 역할을 할 수 있는 것도 단둥이 보세무역의 화물 중계지로서 기능이 크기 때문이다.

중국 세관은 '보세화물'을 보세창고나 보세구[21]에 보관되어 있다가 외

---

21 중국 보세구의 공식 명칭은 해관특수관리구역(海关特殊监管区域)이다. 보세구는 일정 면적의 비관세 지역으로, 보세구에 반입되는 수입화물, 중계화물 및 보세구 보관 화물에 대해서는 관세 및 수입세가 면제된다. 보세구는 수출입무역, 물류창고뿐만 아니라 생산·가공, 상품전시, 금융서비스 등의 기능도 가진다. 현재 국무원에서 비준되어 설치된 보세구는 13개가 있다(김형태, 2003).

국으로 재수출되는 화물로 정의한다. 구체적으로 중국의 보세무역 방식은 화물의 종류에 따라 보세창고수출입화물(保税仓库进出境货物 또는 保税监管场所进出境货物, Bonded Warehousing Trade)과 보세구중계화물(保税区仓储转口货物 또는 海关特殊监管区域物流货物, Entrepot Trade by Bonded Area)로 분류한다. 전자는 단둥과 같이 보세구가 없는 지역에서 보세창구를 경유하여 제3국으로 수출입되는 방식으로, 수출입 과정에서 일정한 통관절차가 필요한 무역 방식이다. 후자는 국가가 지정한 보세구를 경유하는 화물을 말하며, 공식적인 수출입 통관서류 없이 간소한 세관 등기서류만으로도 통관이 가능한 무역 방식이다.[22]

표 2-9는 중국의 대북 보세무역 수입액 추이를 보여 준다. 우선 북중 간 보세무역은 '보세구'보다는 '보세창고'를 경유하는 무액액이 훨씬 크다는 사실을 확인할 수 있다. 앞서 단둥 통상구의 2005년 대북무역액 중 보세무역은 1.3억 달러였고, 같은 해 중국의 대북한 보세수입액이 1.5억 달러인 점을 감안하면 적어도 2005년 전후 북한의 보세무역 중 80% 이상이 단둥을 경유했음을 알 수 있다. 기타 연도에 대해서는 자료가 없기 때문에 북한 보세화물의 단둥 경유 비율을 정확히 산출할 수 없으나, 물류비 등을 감안하면 지금도 상당량의 화물이 단둥을 경유하는 것으로 짐작된다. 다만 무역 데이터로 확인되는 것은 2010년 이후에는 보세창고, 보세구 경유 화물이 동시에 증가한다는 것이다. 이는 단둥 이외의 다롄 등 보세구가 있는 항만에서 처리되는 대북 수출입물량이 늘고 있다는 증거인 셈이다. 단둥 현지 물류회사 기업인과의 인터뷰에서도 국제화물에 대해서는 단둥-남포 간 정기노선보다 오히려 대련-남포 간 화물노선을 통해 처리하는 물량이 많다는 증언이 있었다. 최근 북한 화물 환적과 관련해서는 홍콩이 주목을 받고 있다. 다롄항 세관당국이 북한 화물에 대한 통관 검사를

22 商务培训网, MBA智库百科 사이트 내용을 종합하여 정리한 것이다.

**표 2-9** 중국의 대북 보세무역 수입액 추이 (단위: 백만 달러)

| 연도 | 보세창고 수출입 화물 | 보세구 중계 화물 | 대북수입 중 비중 |
|---|---|---|---|
| 2001 | 94.6 | 0.2 | 57% |
| 2002 | 191.8 | 0.2 | 71% |
| 2003 | 278.0 | 0.4 | 70% |
| 2004 | 321.1 | 0.1 | 55% |
| 2005 | 145.7 | 0.0 | 29% |
| 2006 | 127.5 | 3.0 | 28% |
| 2007 | 150.6 | 3.2 | 26% |
| 2008 | 231.6 | 5.2 | 31% |
| 2009 | 196.8 | 4.8 | 23% |
| 2010 | 301.8 | 9.9 | 26% |
| 2011 | 497.4 | 23.0 | 21% |
| 2012 | 539.2 | 33.0 | 23% |

자료: 中国海关统计.
주: 2009년 무역액은 각주 13) 설명 참고.

강화하면서, 북한이 홍콩을 새로운 환적항으로 이용하고 있다는 것이다.[23] KOTRA가 발간한 『북한의 대외무역동향』(2012)에 따르면 홍콩은 대북 수출입 규모가 1.1억 달러로 전년 대비 457%나 증가하여, 중국에 이어 제2위 교역 상대가 되었다는 사실도 이를 뒷받침한다.

표 2-9의 보세무역액 추이를 보면, 2001년부터 2004년까지 꾸준히 증가하다 2005년부터 급격한 감소세로 돌아선 후, 2010년 이후에는 다시 급증하는 추세를 보인다. 이러한 보세무역액 추이는 북한을 둘러싼 대외무역 환경의 변화, 특히 남북경협제도의 변화와 맥을 같이한다.

그림 2-4에서 보는 바와 같이, 2001-2004년 사이의 보세무역액 증가

23 「북한, 홍콩 환적항으로 이용 가능성」, 『연합뉴스』(2013. 6. 4).

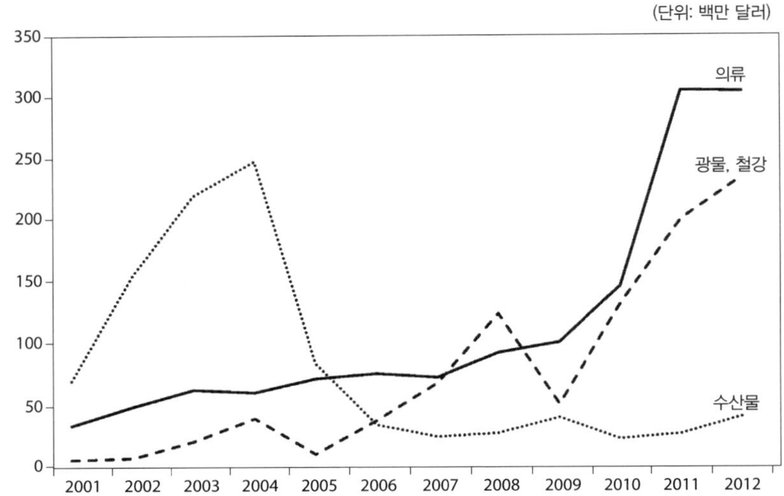


자료: 中国海关统计.

주: 1) 2009년 무역액은 각주 13) 설명 참고. 2) HS로 분류된 상품은 UN 표준사업분류인 ISIC(International Standard Industrial Classification of All Economic Activities)에 따라 재분류하였음. 수산물(ISIC code 1: Agriculture, Hunting, Forestry and Fishing), 의류(ISIC code 32: Textile, Wearing Apparel and Leather Industries), 광물과 철강(ISIC code 2: Mining and Quarrying과 ISIC code 37: Basic Metal Industries).

**그림 2-4** 중국의 대북 보세무역 상품별 수입액 추이

는 수산물에 의해 주도되었다. 이렇게 증가한 배경에는 2000년 6.15 남북정상회담이 있었다. 남북관계 개선으로 남한에서 북한 상품 중 경쟁력이 있는 어패류에 대한 수요는 늘었지만, 당시 남북한 간에 운송 인프라가 취약했기 때문에 중국 기업들이 단둥 등을 경유하여 북한 물품을 남한으로 반입했던 것으로 풀이된다. 따라서 2000년대 전반기 중국의 대북 수입 중 많은 부분은 남북교역과 중복된다. 2005년 이후 북한의 보세무역액은 급격히 감소하는데, 이 역시 남북교역제도의 변화가 중요한 요인으로 작용한 결과이다. 남북한 간의 무관세 특혜를 이용하여 중국산 제품이 북한산으로 원산지를 변경하여 수입되는 부작용이 나타나자, 남한 세관 당국이 중국 경유 북한 수입품에 대한 원산지 검사와 사전승인제도를 강화하면

서, 중국을 경유하여 남한에 반입되는 보세물품이 감소한 것이다(이영훈, 2006).[24] 이러한 이유 외에도 1) 남포-인천, 나진-부산 간 남북한 직항로 개설로 북중 보세무역 물동량이 남북한 직교역으로 흡수된 점, 2) 납북자 문제로 일본의 대북제재가 강화되면서 일본으로 가는 보세화물이 감소한 점, 3) 수산물 가격이 전반적으로 하락한 점 등이 북중 보세무역 감소에 영향을 주었다(이정철, 2006).

북중 간 보세무역은 2010년 남한 정부의 5.24 조치[25]로 인해 또 다른 전환점을 맞는다. 5.24 조치로 개성공단 이외 지역(주로 평양, 신의주)에서 생산된 북한 위탁가공 의류제품과 일반교역제품의 남한 내 반입이 금지된다. 이러한 남한 정부의 조치는 북중 보세무역을 증가시키는 효과가 있는 것으로 보인다.

그림 2-4에서 보는 바와 같이 5.24 조치가 시작된 2010년 이후 북한산 의류의 대중국 보세수출이 급격히 증가한다. 단둥 현지 업체와의 인터뷰에 따르면, 5.24 조치 이전에 비해서는 감소했지만 5.24 조치 이후에도 북한에서 생산된 위탁가공 의류제품의 주요 최종 수요지는 여전히 남한으로 나타났다. 즉, 제재 조치 이후에도 보세무역을 통해 상당량의 북한산 제품이 남한 시장으로 유입되고 이 과정에서 원산지 조작 같은 불법적인 활동도 일부 이루어지는 것으로 보인다. 현지 인터뷰에 따르면 원산지 변경은 단둥의 보세창고에서 이루어지기도 하지만, 북한 공장에서 생산할 때부터 중국산으로 표시하는 경우도 많다고 한다. 제재 회피를 위한 원산지 변경은 북한의 보세 물동량이 늘고 있는 다롄항에서도 이루어지고 있는데, 일

24 2004년 11월 국회의 국정감사에서 중국산 물품의 위장반입 문제가 심각하게 제기되자 임가공물품을 제외한 북한산 물품의 제3국 경유 반입에 대한 사전승인제도가 한층 강화되었다(이영훈, 2006).

25 '천안함 사건' 발발에 따른 남한 정부의 대북경제제재 조치에는 1) 남북교역 중단(개성공단 제외), 2) 북한 선박의 남한 해역 운항 중단, 3) 방북 및 대북 신규투자 불허, 4) 대북지원사업의 원칙적 보류 등이 있다.

표 2-10 중국의 대북 무역 방식별 석탄수입액 (단위: 백만 달러)

| 무역 방식 | 2007–2009년 평균 (5.24조치 이전 3년 평균) | 2010–2012년 평균 (5.24조치 이후 3년 평균) | 증가율 |
|---|---|---|---|
| 일반무역 | 153 | 740 | 328% |
| 변경무역 | 50 | 128 | 156% |
| 보세무역 | 2 | 51 | 2,345% |

자료: 中国海关统计.

주: 2009년 무역액은 각주 13) 설명 참고.

례로 2001년 『요미우리 신문』은 다롄항에서 원산지 세탁을 통해 북한산 의류를 일본에 반입하려 한 일본 의류 수입업자가 체포되었다는 내용을 보도한 바 있다.[26]

최근 일반무역, 변경무역, 보세무역의 세 가지 무역 방식에서 공통으로 관찰되는 중요한 특징 중 하나는 석탄(HS 2701)이 중국의 1위 대북 수입 품목이 되었다는 점이다. 중국의 대북 석탄수입액의 변화는 5.24 조치 전후를 비교했을 때 그 차이가 더욱 분명해진다. 표 2-10은 중국의 대북무역 방식별 석탄수입액을 보여 준다. 모든 무역 방식에서 석탄 수입은 5.24 조치 이전에 비해, 그 이후가 세 자릿수 이상의 높은 증가율을 보인다. 특히 보세무역은 2,345%로 가장 높은 증가율을 보였다. 이를 단순히 해석하자면 남한의 제재로 인한 손실을 메우기 위해 북한은 일반무역과 변경무역을 통한 대중국시장의 석탄 판매를 증가시켰을 뿐만 아니라, 보세무역을 통해 중국을 경유한 제3국 시장에서의 석탄 판매도 함께 증가시켰다는 것이다.

남한의 대북한 경제적 영향력 또는 대북 경제제재의 효과에 대한 여러 논의가 있어 왔다. 그러나 여기서 논의한 북한의 보세무역 패턴 변화만 놓고 본다면, 남한의 대북정책 변화가 북중 무역에 미치는 영향은 매우 크다고 할 수 있다. 물론 이러한 변화는 한편으로는 북한 정부의 정책적 노력

26 「日 경찰, 北에서 의류 위장수입 5명 체포」, 『연합뉴스』(2011. 5. 11).

의 결과일 수도 있겠지만 다른 면에서는 북한과의 무역을 통해 이익을 내고 있는 중국 기업의 상업적 이해관계에 따라 주도되고 있다는 사실에 주의할 필요가 있다.

### (3) 북한 인력 진출

단둥은 북중 간 상품무역의 중심지일 뿐만 아니라, 북한 노동인력의 중국 진출에 중요 거점이 되어 왔다. 이 연구의 기업 설문조사에 포함된 단둥시의 북한인력고용기업은 10개 사에 고용 규모도 2,400여 명에 이른다. 국내 언론보도에 따르면 단둥이나 그 인근에 위치한 기업에서 일하는 북한 노동자는 약 2만 명으로, 북중 접경도시 중 가장 큰 규모로 알려져 있다.[27] 북한 노동자의 중국 진출 규모는 2009년 2차 핵실험 이후 북한에 대한 국제사회의 제재가 더욱 강화되면서 외화 획득 차원에서 크게 늘어난 것으로 보인다.

단둥에서 고용되어 일하는 북한 노동자 추이를 보여 주는 공식 통계는 없지만, 『단둥통계연감』의 북한 주민 단둥 방문 통계를 통해 이를 확인할 수 있다. 표 2-11과 같이, 2008년 이전에는 3만 명에서 5만 명 사이였던 단둥 방문 북한 주민 수는 북핵 사태 이후 국제사회의 제재가 본격화된 2009년 들어 11만 명으로 급증했고, 2011년에는 18만 명을 넘어섰다. 북한에서 중국을 방문하는 목적은 공무, 상무, 유학, 친척 방문 등 다양하

**표 2-11** 북한 주민의 단둥 방문 추이 (단위: 명)

| 연도 | 2005 | 2006 | 2007 | 2008 | 2009 | 2010 | 2011 |
|---|---|---|---|---|---|---|---|
| 방문자 수 | 36,343 | 46,305 | 49,923 | 53,860 | 110,158 | 157,653 | 188,306 |

자료: 『丹东统计年鉴』(각 연도).

27 「북, 외화벌이 노동자 12만명 내년까지 중국에 보낸다」, 『조선일보』(2012. 6. 23); 「중국의 북한 여공 “목욕의 자유를 달라”」, 『한겨레』(2012. 10. 5).

지만, 증가한 방문자 중 많은 수는 합법이든 불법이든 현지 취업을 목적으로 하는 것으로 보인다.

단둥에서 북한 인력을 고용하고 있는 중국 기업은 정부로부터 정식 고용 절차를 밟기보다는 편법적인 방법을 이용하는 사례가 많다. 이는 정식 절차를 통해 북한 인력을 고용하기가 매우 까다롭기 때문이다. 중국이 자국 내 외국인 고용을 규정하는 가장 기본적인 제도적 틀인 '중화인민공화국입경출경관리법(中华人民共和国入境出境管理法)'과 '외국인재중국취업관리규정(外国人在中国就业管理规定)'은 "외국인이 중국 경내에서 근무하는 경우에는 규정에 따라 취업허가증(外国人就业许可证)과 취업거류증(外国人居留证件)을 취득하여야 한다."라고 규정하고 있다.

북한 노동자도 이 규정을 동일하게 적용받게 되는데, 공식적으로는 중국에서 취업하려는 북한 노동자들은 성정부 노동국으로부터 노동허가증을 취득하고, 취업하고자 하는 지역의 관할 공안국에서 취업 거류증을 발급받아야 한다. 또한 북한 인력을 고용하고자 하는 중국 기업도 엄격한 고용허가 기준을 통과해야 한다. 중국 언론에 보도된 중국 기업의 북한 노동자 고용허가 기준을 정리하면 표 2-12와 같다.

따라서 공식 허가를 얻어 북한 노동자를 고용하는 것보다는 북중간 '무비자협정'과 '국경주민에 대한 통행증제도'를 이용하여 편법으로 고용하는 것이 보다 일반적이다. 북중 간 무비자협정 중 외교·공무 여권에 대한 비자 면제는 1956년부터, 일반여권에 대한 비자 면제는 1965년부터 시작되었다.[28] 국경지역 주민들의 통행을 보다 구체적으로 규정한 협정은 1986년 북중 간 체결된 '변경지역의 국가안전과 사회질서 유지 업무를 위한 상호협력의정서'이다. 이 규정의 제3조(북중 간 통행규정)는 표 2-13과 같다. 2항의 내용에 따르면 변경(국경)지역 주민인 경우는 여권, 변경주민국경

28 중국 외교부 홈페이지(http://www.fmprc.gov.cn/).

**표 2-12** 단둥시 기업의 북한 인력 고용허가 기준

| 구분 | 내용 |
|---|---|
| 허가분야 | 복장가공, 식품가공, IT 산업 |
| 허가기간 | 1년 단위(매년 재심을 신청해야 함) |
| 고용상한 | 전체 직원의 20% 초과 금지 |
| 허가조건 | 공장 설립 1년 이상 기업, 1년간 세금완납 증명, 자본금 100만 달러 이상 등 |
| 신청기관 | 단둥시의 경우 공안국, 노동취업국, 외사판공실, 대외무역경제합작국 등 4개 부문에 신청한 후, 랴오닝 성정부 노동보장 부문의 심사와 비준 필요(신청 시 노동계약서 제출 필요) |

자료: 「丹东拟进行承接“朝鲜劳动力”规划」, 『经济观察报』(2012. 4. 21); 「朝鲜工人“叩门”」, 『经济观察报』(2012. 7. 7) 내용 요약.

**표 2-13** 북중 간 통행규정

제3조 쌍방은 양국 변경지역의 통행질서를 유지하는 업무에 대해 상호 협력한다.

② 쌍방은 여권, 변경주민국경통행증, 변경공무통행증 및 쌍방이 협의를 통해 증명한 기타 증명서에 의거 양국 변경에 대한 통행을 허가하며 통행자는 증명서에서 지정한 지점으로 국경을 통과해야 한다.

③ 양국 변경지역의 시, 현, 군의 공안과 출입국 업무기관 책임자는 상대방 변경지역으로 친척을 방문하러 가는 변경주민에 대해 1개월간의 변경주민국경통행증을 발급해 주며 규정된 변경주민국경통행증 전용도장을 찍어 준다. 변경지역 친척 방문자에 대해서는 엄격한 심사를 거쳐 허가하고 관리를 강화하되 상대방 변경지역에 반드시 근친이 있을 경우에만 허가해 준다. 변경지역 주민이 근친 이외의 여타 친척을 방문하려고 할 경우에는 반드시 “초청통지서” 수속을 밟아야 한다. 근친의 범위와 통지서 양식 및 사용 방법은 쌍방 변경지역의 공안과 안전 총대표 회의를 통해 확정된다. 변경 공안과 안전 총대표 및 부총대표는 변경지역 업무를 위해 내왕하는 공무인원에 대해 1년 이내의 변경공무통행증을 발급해 준다.

자료: 통일연구원(2012).

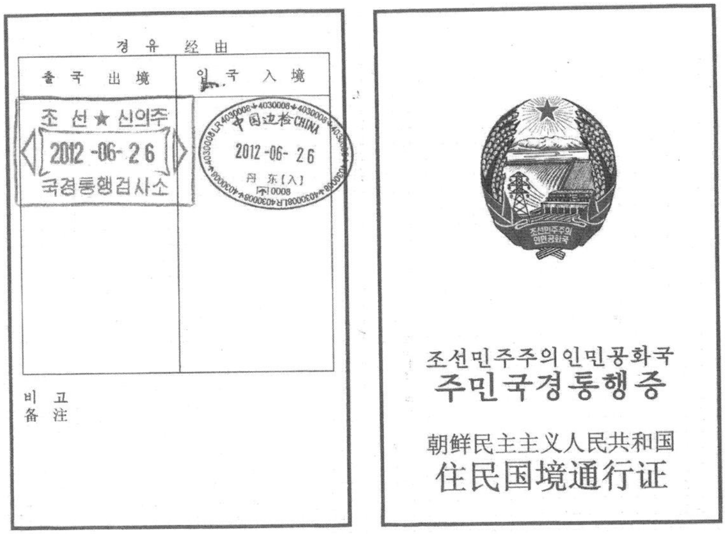


**그림 2-5** 북한주민국경통행증

통행증, 변경공무통행증 등의 증명서에 의거하여 국경을 통행할 수 있다. 또한 3항에 의해 1개월간의 단기체류인 경우 '친척방문' 등을 명목으로 하는 '변경주민국경통행증'을 발급받고 중국 변경지역에 거주할 수 있다. 다만 3항 후반부에 의거 공무인원에게 발급되는 '변경공무통행증'의 경우에는 1년 정도 장기간 중국 거주가 가능하다. 단둥에서 북한 노동자를 고용한 중국 기업인과의 인터뷰에 따르면, 의류 임가공, 수산물 가공공장에서 일하는 북한 노동자는 대부분 '변경공무통행증'을 발급받아서 일하고, 1년 이상 일하게 될 경우에는 신의주를 방문하여 '변경공무통행증'을 갱신해야 한다고 한다.

북한 노동자는 통상적으로 1,500위안 내외의 급여를 받는 것으로 알려져 있다. 『중국경제주간(中国经济周刊)』에 따르면 북한 노동자의 월급은 1,200-1,500위안이지만, 북한 정부에 60% 정도를 납부해야 하므로 실제 노동자가 받게 되는 월급여액은 약 490-760위안(대략 8-12만 원)이라고 한다.[29] 표 2-14는 필자가 현지조사한 단둥의 한 회사가 북한 무역회사와 맺

**표 2-14** 북한 인력송출계약서 예시

3. 쌍방의 의무

1) 가측(북한 측 무역회사)의 의무

① 나측의 초청에 따라 ○○○명의 일반 또는 고급 기능을 소유한 인원들을 선발하여 중국인민공화국 국경까지 파견한다.

② 선발한 성원들로 조를 구성하고 나측과 합의하여 ○○○○년 ○월까지 조별로 중국 료녕성 단둥시에 파견한다.

③ 가측 성원들이 중국의 현행법과 제도, 기업 내부질서와 로동안전규정을 존중하고 준수하도록 한다.

④ 가측이 제공하는 설비와 자재로 생산을 높은 수준에서 정상화하여 제품의 생산량과 품질, 납기를 철저히 보장한다.

– 중략 –

2) 나측(중국 측 회사)의 의무

① 가측 성원들이 중국 경내에서 원만하게 생활하고 사업할 수 있도록 그들의 입출국 수속, 로동허가수속을 보장한다. ○개월 내에 거주허가를 받도록 하며, 로동허가수속을 보장하지 못하는 경우 1인당 ○○○○위안의 위약금을 물어야 한다.

② 가측 성원들이 하루 8시간씩 정상적으로 작업할 수 있도록 자재를 충분히 보장하며 평균 1,700위안 이상의 작업조건과 작업량을 보장한다.

③ 가측과 합의하여 취사설비가 갖추어진 식당과 숙소, 목욕탕, 위생실을 비롯한 후생시설을 보장하고 식사기준을 정하며 필요한 숙식비용을 부담한다.

은 인력송출계약서 내용 중 쌍방 의무와 관련된 일부이다.

계약서 내용에 따르면 북한 인력의 최저 임금은 1,700위안이고, 중국 회사는 임금 외에도 숙식비용과 부대시설을 제공하는 것은 물론이고 체류와 관련된 허가 수속도 책임지는 것으로 되어 있다. 이처럼 중국 측 회사가 많은 책임을 부담하면서까지 북한 노동자를 고용하고자 하는 이유는 무엇일까? 우선은 중국 노동자에 비해 절반 수준인 낮은 임금을 꼽을 수 있다. 또한 현지에서는 북한 노동자의 경우 단체 생활을 할 뿐만 아니라,

29 「朝鲜劳工来了」, 『中国经济周刊』(2012. 7. 23).

**표 2-15** 의류 위탁가공비 비교(2012년 기준)

| 구분 | 대략적인 단가 | 1인당 임금 | 기타 사항 |
|---|---|---|---|
| 중국 내(단둥) 생산 시 | 35위안 | 2,500위안<br>(4대 보험 포함) | - 급격한 임금상승과 잦은 이직 등으로 인력 관리의 어려움이 큼 |
| 북한 생산 시 | 20위안<br>- 위탁가공비 18원<br>- 운송비 2원<br>(평양-단둥 간) | 위탁가공비를 현금으로 받은 후 노동자에게는 현물로 인건비 지급 | - 임가공 수준이 높은 제품일수록 북한 생산이 유리함(중국 생산일 경우 가공과정이 복잡할수록 추가 가공비 발생) |
| 북한 노동자 인력 수입 후 생산 시 | 32위안 | 1,900위안<br>(숙식비, 비자비 등 주재비 포함, 북한 노동자 1인이 실제 받는 임금은 100달러 내외) | - 중국 현지인 생산과 별 차이가 없으나, 안정적 인력 수급 등의 이유로 노동자 수입이 이루어짐<br>- 체류기간이 길어짐에 따라 생산성 향상으로 단가 인하 효과가 커짐 |
| 베트남, 미얀마 생산 시 | 25~30위안 선 | | - 아세안 협정으로 남한 수입 시 무관세 적용<br>- 티셔츠 등 단순한 의류 생산이 주를 이루고, 고부가가치 의류 생산이 어려움<br>- 납기를 맞추기 어려움 |

주: 1) 평양-신의주 간 물류비는 트럭 1대(보링차)당 1천 달러 정도임.
2) 대략적인 단가는 재킷 5천 벌 생산을 기준으로 한 벌당 단가.

정해진 기간 동안 인원 변동 없이 일할 수 있기 때문에 노무 관리 면에서 안정적이라는 점도 중요한 장점으로 꼽힌다. 표 2-15는 단둥 현지에서 복수의 기업가들과의 인터뷰를 통해 정리한 생산 방식별 의류 위탁가공비를 비교한 내용이다. 북한 인력을 수입할 경우, 임금 이외에 여러 부대비용이 들어가기 때문에 북한 생산에 비해 오히려 생산비는 높은 반면, 중국 생산 비용에 비해서도 단가 인하 효과가 크지 않다. 그렇지만 중국 내에 북한 인력을 수입하는 경우 안정적인 노무 관리가 가능하고, 체류기간이 길어짐에 따라 생산성이 향상되는 장점이 있다.

제3장의 기업 설문조사 분석 부분에서 자세히 설명하겠지만, 이들 북한인력수입회사의 수익률은 연 20%를 상회하는 것으로 조사되었다. 이처럼 북한인력수입사업은 고수익이 가능한 사업모델이지만 누구나 접근 가능한 사업은 아니다. 북한 인력을 초청하기 위해서는 해외로 인력을 송출할 수 있는 북한 권력기관과 긴밀하게 연결되어 있어야 한다. 또한 중국에서도 체류 허가와 관련된 법적 문제를 해결하기 위해 중국 중앙 및 지방 정부와의 좋은 관계도 요구된다. 실제 조사에서도 이를 반영하듯, 인력을 수입한 업체의 다수는 북한과 중국 내부와의 관계망 형성에 보다 유리한 기업, 특히 조선족 기업이나 북한화교 기업보다는 한족 기업이었다. 앞서 설명한 대북 수출쿼터 제도와 유사하게, 북한인력수입제도 역시 신규 기업에게는 높은 진입장벽으로 작용하는 동시에 이미 북한과 중국 내부의 사업 관계망을 성공적으로 형성한 기업들에게는 높은 수익을 내는 기제로 작용한다고 해석할 수 있다.

### (4) 무상원조

단둥은 중국의 대북원조에서도 중심지 역할을 한다. 철도, 도로, 해상 등의 운송이 편리하고 신의주를 통한 평양과의 접근성이 좋기 때문이다. 남한 정부 또는 민간의 대북원조물자도 단둥까지 운송되거나, 단둥에서 구매되어 철도를 통해 북한으로 들어가는 경우도 있다. KOTRA의 조사에 따르면, 단둥에는 대북원조식량만 지원하는 무역회사가 여러 개 소재하고 있다.[30] 이들 무역회사는 베이징의 유관기관이 요청하면 해당 물자를 구매하여 북한에 발송하는 업무를 하는 곳이다. 이 조사에서는 단둥이 쌀과 밀가루의 오랜 집산지가 된 이유가 바로 이러한 중국의 식량원조물자 구매

30 「중국 현지 언론 및 인터뷰로 보는 중국 상반기 대규모 대북원조 이모저모」, 『KOTRA 북한경제정보』(2012. 5. 29).

(단위: 백만 달러)

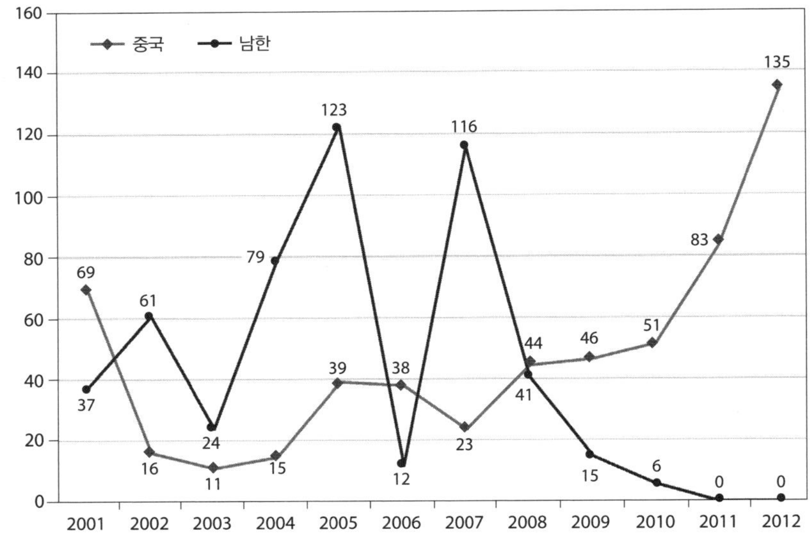


자료: 중국은 中国海关统计상의 대북 무상원조액 통계; 남한은 남북교역 통계상의 정부지원액, 경수로 건설액, KEDO 중유지원액, 6자회담 에너지 지원액의 합계.

**그림 2-6** 남한과 중국의 대북지원액 추이 비교

**표 2-16** 중국의 대북원조 상위 품목 (단위: 백만 달러)

| | 2009년 | | 2010년 | | 2011년 | | 2012년 | |
|---|---|---|---|---|---|---|---|---|
| | 품목명 | 금액 | 품목명 | 금액 | 품목명 | 금액 | 품목명 | 금액 |
| 1 | 대두 | 8.8 | 질소비료 | 25.8 | 질소비료 | 36.9 | 옥수수 | 87.4 |
| 2 | 질소비료 | 7.6 | 대두 | 12.3 | 쌀 | 18.9 | 질소비료 | 14.3 |
| 3 | 철판제품 | 6.8 | 쌀 | 4.1 | 대두 | 9.2 | 철근제품 | 10.1 |
| 4 | 화물자동차 | 6.3 | 종이, 판지 | 2.2 | 종이, 판지 | 7.4 | 대두 | 9.5 |
| 5 | 강관 | 3.1 | 강관 | 0.9 | 화물자동차 | 3.9 | 시멘트 | 1.9 |
| 6 | 철강제 구조물 | 1.9 | 기계부품 | 0.7 | 수송용자동차 | 1.1 | 절연전선 | 1.2 |
| 7 | 철선제품 | 1.6 | 볼베어링 | 0.6 | 강관 | 0.9 | 강관 | 1.2 |

자료: 中国海关统计.

와 연관이 있다고 설명한다.

중국의 무역 통계에 나타난 원조 통계를 통해 중국의 대북원조가 단순한 식량원조의 차원을 넘어서고 있음을 알 수 있다. 우선 중국의 대북원조 규모는 2012년 기준으로 1.3억 달러로, 최초로 1억 달러를 넘어섰다(그림 2-6 참조). 특히 2010년 천안함 사건 등으로 남한 정부가 대북원조를 전면 중단한 시점에서 중국의 대외원조 규모는 오히려 급격히 증가해 2011년과 2012년 모두 전년 대비 60% 이상의 증가세를 보인 점이 주목을 끈다.

구체적인 원조 품목을 살펴보면, 중국의 대북원조는 남한의 대북지원 정책과 상당한 연관성이 있다는 사실을 알 수 있다(표 2-16 참조). 2008년 이명박 정부 들어, 2000년 이후 지속되어 오던 쌀 30-50만 톤, 비료 20-30만 톤가량의 대북지원이 중단되었다. 이 시기를 기점으로 중국의 대북원조에서는 이전에 잘 지원되지 않았던 쌀과 질소비료가 중요 품목의 위치를 점하게 된다. 2009년 이후 중국의 대북원조에 나타난 또 하나의 특징은 철판, 강관, 화물자동차, 철근, 시멘트 등 식량 품목이 아닌 건설 관련 자재와 장비가 주요 지원 품목이 되었다는 점이다. 이는 2009년부터 시작된 소위 '평양 10만 호 건설사업'과 관련된 품목들로 보인다. 한편 국내 학계와 언론에서 중국 대북원조 품목으로 자주 거론되었던 원유는 원조 통계에는 포함되어 있지 않다.

### 3) 단둥시의 북중 접경 인프라

단둥은 압록강을 사이에 두고 북한 신의주와 국경을 마주하고 있고, 황해로 나가는 항만을 보유하고 있는 연해연강(沿海沿江)의 지리적 입지를 가지고 있으며, 북한과도 철도, 도로, 항만을 통해 직접적으로 연결되어 있다. 이러한 입지요건 때문에 단둥은 북중 간 국경무역의 중심지 역할뿐만 아니라 북한의 대외 중계무역 창구로서 핵심적 역할을 담당해 왔다. 여기

**그림 2-7** 단둥시의 북중 접경 인프라

서는 단둥에 소재한 주요 북중 접경 인프라 시설의 특징을 소개하고 단둥에서 이루어지는 경제교류를 공간적 측면에서 살펴보고자 한다. 북중 경제교류와 관련된 주요 지점을 지도상에 표시하면 그림 2-7과 같다. 이하에서는 번호가 부여된 인프라 시설의 현황을 유형별로 묶어서 설명하겠다.

### (1) 항만(① 다둥항과 ⑤ 랑터우항)

단둥에는 두 개의 항만이 있는데, 해항(海港)인 다둥항(大东港)과 하항(河港)인 랑터우항(浪头港)이다. 단둥항은 원래 두 항만을 아울러 부르는 명칭이지만, 현지에서는 다둥항만을 가리켜 '단둥항'이라 부르기도 한다. 다둥항에는 전 세계 30여 개국 70여 개 항구와 화물항로가 개척되어 있다. 특히 다둥항은 인천과는 정기적인 화물선과 여객선[31]이 운항하고 있고, 신

**표 2-17** 랴오닝성 주요 항구의 물동량(2011년)

| 항구 | 화물 물동량 | | 대외무역 물동량 | | 컨테이너 물동량 | |
|---|---|---|---|---|---|---|
| | 만 톤 | 전년 대비 증가율 | 만 톤 | 전년 대비 증가율 | 만 TEU | 전년 대비 증가율 |
| 다롄항 (大连港) | 33,691 | 7.3% | 10,679 | −1.5% | 640.0 | 23.9% |
| 잉커우항 (营口港) | 26,085 | 15.5% | 5,415 | 11.2% | 403.3 | 20.8% |
| 진저우항 (锦州港) | 7,582 | 26.2% | 694 | 0.9% | 83.9 | 11.2% |
| 단둥항 (丹东港) | 7,636 | 42.9% | 581 | 27.8% | 70.9 | 121.8% |

자료: 『中国港口年鉴』(2012).

의주/남포와도 정기화물 노선이 있어, 인천과 신의주/남포를 잇는 중계항 역할을 하고 있다(정은이, 2013). 반면, 랑터우항은 주로 북한과의 무역에 특화된 항구이다.

단둥항의 물동량은 2011년 기준으로 7,636만 톤으로 전년 대비 42.9% 상승하였고, 이 가운데 컨테이너 물동량은 71만 TEU로 동기 대비 121.8%나 급증하였다(표 2-17 참조). 이러한 물동량 증가는 랴오닝성의 주요 항구인 다롄항과 잉커우항(营口港)에서도 공통적으로 나타나는 현상이지만, 특히 단둥항은 전년 대비 증가율에서 다른 항구를 크게 앞서고 있다(표 2-17 참고). 이에 따라, 단둥시 정부는 2011년에 발표한 '2011 단둥

---

31 현재 인천과 단둥 간 해상항로는 단둥국제항운유한공사가 운영하고 있는 인천-단둥 간 카페리 항로가 있다. 1998년 7월 주 2항차 운항을 시작하였고 2002년부터 주 3항차로 증편돼 운항되고 있다. 1998년 6월 자본금 200만 달러의 한중합작투자사로 설립된 단둥국제항운유한공사는 현재 '동방명주6'호가 투입되어 운항하고 있다. 인천-단둥 항로는 매년 약 2만 TEU의 수출입 화물과 13만여 명의 여객이 운송되는데, 수출화물은 전자제품 및 자동차 부품, 의류 부자재가 주를 이루고, 수입화물로는 자동차 반제품, 의류 완제품 및 농수산물 등이다. 현재는 대북교역 중단에 따른 임가공업체 수의 급감으로 의류화물이 크게 줄어들어 동 항로 물동량에도 영향을 주고 있다.「단둥을 가다, 북중무역의 새 요충지로 부각」, 『해양한국』(2012. 6. 1)에서 내용 요약.

시 업무보고'에서 12.5규획[32] 기간(2011-2015) 동안 71억 달러를 투입하여 단둥항을 1억 톤 이상의 처리능력을 가진 대항으로 건설할 계획을 가지고 항만을 개발 중이다(임민경, 2012).

### (2) 단둥 신도시 부근 인프라(③ 황금평 경제특구, ④ 신압록강대교, SK 보세창고)

2006년 단둥시 정부가 시작한 단둥의 신도시 건설은 2009년 7월 단둥을 랴오닝성 대외개방정책의 한 축으로 삼았던 '랴오닝성 연해경제벨트 발전계획'[33]이 국무원 비준을 통과하여 국가급 개발전략으로 편입되면서 본격화되었다. 단둥시의 신도심 개발의 핵심은 단둥의 행정과 경제의 중심을 기존 구도심에서 서남부쪽인 다둥항 가까이로 이전함으로써,[34] 도시 전체의 대외개방도를 높이고 외부의 투자유치를 촉진하는 것이다. 그림 2-7의 ② '단둥임항산업단지'란 결국 단둥 신도시부터 다둥항까지 연계하여 개발하는 산업단지이며, 이 지점이 랴오닝성 '5점 1선' 계획의 동쪽 시작점이 된다(임민경, 2012).

---

32 중국은 1953년부터 5년마다 국가 중단기(中短期) 계획을 제정하고 있다. 첫 번째 '5개년 계획'을 '1차 5개년 규획(1. 5)'이라 하고 그 이후부터는 이와 비슷한 방식으로 명칭을 정한다. '12차 5개년 규획(12. 5)'의 전체 명칭은 '중화인민공화국 국민경제와 사회발전을 위한 12번째 5개년 규획요강'으로, 그 기간은 2011년부터 2015년까지이다. 2010년 10월 18일, 중국공산당 제17회 중앙위원회 제5차 전체회의에서 〈중국공산당 중앙위원회 국민경제와 사회발전을 위한 12번째 5개년 계획 제정과 관련한 제안(中共中央關于制定國民經濟和社會發展第十二个五年規劃的建議)〉을 통과시켰다. 「중국 '12차 5개년 규획' - 경제발전방식전환 가속화」, 人民網(2011. 10. 9).

33 2006년 랴오닝성이 발표한 대외개방정책으로 소위 '5점 1선' 전략을 핵심으로 한다. '5점 1선'은 랴오닝성 대외개방정책의 핵심으로, 발해만 연해지역에 위치한 5개의 주요 산업단지를 중심으로 '연해경제벨트'를 형성하는 것을 의미한다. 5개 주요 산업단지는 다롄 창싱다오임항공업단지(大連長興島臨港工業區), 랴오닝 잉커우연해산업기지(遼寧營口沿海産業基地), 랴오시 진저우만연해경제구(遼西錦州灣沿海經濟區), 랴오닝 단둥임항산업단지(遼寧丹東臨港産業園區), 다롄 화위안커우공업단지(大連花園口工業園區)를 포함한다(임민경, 2012).

34 단둥시 인민정부를 포함한 주요 행정기관은 2011년에 이미 이전하였다.

**그림 2-8** SK 보세창고 전경(저자 촬영)

단둥 신도시 계획은 다둥항과의 연계뿐만 아니라 북한의 도로·항구와의 연계도 중심에 두고 있다. 소위 일교양도(一橋兩島)라고 불리는 '신압록강대교'와 '황금평 경제특구'(③), '위화도 경제특구'(④) 건설사업이다. 신압록강대교는 2009년 10월 원자바오 총리가 북한을 방문했을 때 양국 간에 합의한 것으로, 공사비 전액(언론보도에 따라 17억 위안에서 22억 위안 사이)을 중국 측이 부담하는 것으로 알려져 있다. 최근 중국 관영 영자신문(*China Daily*)의 보도에 따르면 다리의 총 길이는 3km, 폭은 33m, 왕복 4차로인 것으로 알려졌다.[35] 홍콩 대공보(大公報)는 현재의 조중우의교를 통해서는 하루 2천 명과 차량 2,500대가 오갈 수 있는 데 반해 하루 5만 명에 차량 2만 대까지 통행이 가능할 것으로 추정하였다.[36]

교각이 완공된 이후에는 구도심의 조중우의교를 중심으로 운송되었던

35 "Largest border city poised for trade boom," *China Daily*(2012. 11. 7).

36 「旅遊-新鴨綠江大橋今開建 適逢敏感時期引猜測」, 『大公報』(2010. 12. 31).

**표 2-18** 황금평 · 위화도 경제특구 추진일지

| 일자 | 내용 |
|---|---|
| 2010. 5. 10 | – 김정일 위원장 방중 시, 후진타오 주석과 북중 공동 개발, 공동 관리하는 나선, 황금평 · 위화도 경제지대 개발 합의 |
| 2010. 11 | – 중국 천더밍 상무부 부장이 방북하여 황금평 · 위화도 경제지대 개발협정에 정식 사인<br>– 황금평 · 위화도 경제지대 개발합작연합지도위원회(이하 지도위원회) 구성 합의 및 1차 회의<br>• 북한 측 위원장: 장성택 국방위원회 부위원장, 노동당 행정부장<br>• 중국 측 위원장: 천더밍 상무부 부장 |
| 2011. 6. 7–9 | – 지도위원회 2차 회의(랴오닝성, 지린성)<br>• 북한 측 참석자: 노동당 국제부, 외무성, 합영투자위원회, 나선시 및 평안북도 인민위원회 책임자<br>• 중국 측 참석자: 외교부, 공산당 대외연락부, 국가발전개혁위원회, 랴오닝성과 지린성 책임자<br>– 황금평 · 위화도 경제지대 착공식(8일): 장성택, 천더밍 참석 |
| 2011. 12. 3 | 북한 최고인민회의 상임위원회 '황금평과 위화도 경제지대법' 공포 |
| 2012. 8. 14 | – 지도위원회 3차 회의(베이징)<br>– 나선, 황금평·위화도 개발 관리위원회 구성 합의<br>• 위원회 주임 1인(중국), 부주임 4인(중국 2인, 북한 2인)<br>• 건설, 외국인투자, 재정 등 6개 부문 설치 |
| 2012. 9. 15 | – 황금평 경제특구 관리위원회 청사 착공식(황금평)<br>• 북한 측 참석자: 홍길남 평안북도인민위원회 부위원장, 평안북도 및 신의주시 관계자<br>• 중국 측 참석자: 빙지강 랴오닝성 부성장, 랴오닝성, 단둥시 관계자 |
| 2012. 9. 26 | 황금평 · 위화도 경제지대 투자설명회 개최(베이징) |

자료: 중국과 국내 언론 보도 내용 정리.

단둥의 대북교역물자는 신도시의 신교를 중심으로 이동할 것으로 예상되며, 이에 따라 관련된 무역회사, 물류회사, 창고 등도 신도시로의 이전이 촉진될 것이다. 이러한 변화에 선제적으로 대응한 것은 한국계 외자기업인 SK networks이다.

SK networks는 2005년 랴오닝성 선양시에 'SK networks 중국투자유

**그림 2-9** 황금평 경제특구 개발현장(저자 촬영)

한공사'를 설립하고 선양과 단둥 지역에서 버스터미널, 에너지, 부동산 개발 등 다양한 사업을 추진해 왔다. 그중 하나가 보세물류창고 사업으로, 보세물류창고는 신압록강대교 바로 뒤편에 위치해 있다. SK networks는 2009년 9월 외자기업으로는 첫 번째로 다롄 세관으로부터 '보세창고'와 '수출검관창고' 비준을 받았고, 2011년 초부터 $16.3m^2$의 부지에 1억 위안을 투자하여 보세창고 물류업을 운영하고 있다. 창고 관계자와의 인터뷰에 의하면, 처리 물동량이 매년 2배씩 증가하고 있어, 현재도 성공적으로 운영되고 있는 것으로 보인다.

교량 건설의 속도에 비해, 황금평 · 위화도 경제특구사업은 상대적으로 부진한 추진 성과를 보이고 있다. 황금평과 위화도 경제특구 중 현재 공사가 이루어지고 있는 곳은 신도시와 맞닿아 있는 황금평 경제특구뿐이다. 2011년 공개된 「조중라선경제무역지대와 황금평경제지대공동개발총계획요강」[37]이라는 문건에 따르면, 황금평 경제특구에서는 "조선 신의주, 중국 단둥과 인접해 있는 지대적 우세를 충분히 발휘하며 정보산업, 관광문화산업, 현대시설농업, 경공업 등 4대 산업을 중점적으로 발전시켜 조선의 지식밀집형 신흥경제구역으로 건설한다."라고 구체적인 개발 계획이 명시된 반면, 위화도 경제특구에 대해서는 "중국 측 전문가 소조가 현재까지 조사한 자료에 따르면 수문지질, 시공조건이 복잡하여 개발건설위험도가 높다."라는 부정적인 입장을 표시한 바 있다.

『중국경제주간(中国经济周刊)』 보도에 따르면 현재 황금평 개발은 전체 16km² 중 우선개발구역인 1.6km²에 해당하는 지역으로 도로, 전력, 배수, 통신 등 기반시설과 통상구(口岸) 사무실, 관리위원회 청사, 보세창고 등이 건설 중인 것으로 나타났다.[38] 그러나 저자가 2012년과 2013년에 걸쳐 여러 차례 현지 조사한 바로는, 일부 지역의 택지정리작업과 소규모 건물에 대한 공사만 이루어지고 있을 뿐, 대규모 공사는 아직 이루어지지 않고 있다.

### (3) 단둥 구도심 부근 인프라(⑥ 조중우의교, 단둥 통상구, ⑦ 화위엔 보세창고)

단둥의 신도심이 미래 북중 경제교류의 중심지라면 구도심은 현재 북중 간 육로 물자교류의 중심지이다. 우선 조중우의교는 앞서 물동량 통계(표 2-4 참고)에서 보았듯이, 2011년 기준으로 북중 간 육로로는 가장 많은 100만 톤 이상의 물동량이 오고가는 중요 교역로이다. 그러나 정작 다리 시설은 매우 노후화되어 있고 협소하다. 도로와 철로가 각각 1차로의 단선으로 되어 있기 때문에 한 방향으로만 통행이 가능하다. 따라서 물동량이 많은 경우에는 단둥 통상구 앞에는 통관을 기다리는 긴 화물차량 행렬

37 국내 언론인 통일뉴스에 의해 2011년 5월에 공개되었다.

38 「中朝黄金坪经济区探秘」, 『中国经济周刊』(2012. 11. 27).

**그림 2-10** 조중우의교와 단둥 통상구(출처: google earth)

을 쉽게 볼 수 있다.

그림 2-10을 참고하면 현재 북중 물동량의 중심지인 조중우의교와 단둥 통상구의 구조를 보다 쉽게 이해할 수 있다. 사진의 왼편 위쪽의 압록강에서 도심 쪽으로 사선 방향으로 이어진 구조물이 조중우의교이다. 조중우의교는 사진에서 여러 대의 화물차가 주차된 단둥 통상구와 연결되는 동시에, 사진 왼편 아래쪽의 단둥 기차역과도 바로 연결되어 있다.

단둥 통상구는 현지에서 '교두(桥头)'라는 이름으로도 불린다. 그림 2-11에서 보는 바와 같이 통상구 주변에는 북한과의 무역을 주된 사업으로 하는 수많은 무역회사와 수출입대리회사가 운집해 있다. 통상구 건너편의 알마루(二马路), 산마루(三马路) 등지에도 북한인을 상대로 하는 도소매상가들이 즐비하게 늘어서 있다.

단둥 구도심에서 선양과 고속도로가 연결된 화위엔(花园) 지역에는 보세창고(그림 2-7의 ⑦)들이 위치해 있다. 단둥은 다롄과 같이 대규모 보세

**그림 2-11** 단둥 통상구 정문(저자 촬영)

**그림 2-12** 화위엔 보세창고(저자 촬영) 간판에는 '(대)외무(역)보세창고'라고 적혀 있다.

구가 없기 때문에, 북한 화물이 중국을 경유하여 제3국으로 수출되거나, 반대로 제3국의 화물이 중국을 경유해 북한에 들어갈 경우 보세창고를 통해 물류의 입출입이 일어난다. 앞서 설명한 신도시의 SK 보세창고가 생기기 전까지는 단둥을 경유한 북중 간 보세물류의 이동은 화위엔에 위치한 보세창고를 경유하여 이루어졌다.

### (4) 에너지 관련 인프라(⑨ 원유 송유관, ⑩ 태평만댐, ⑪ 수풍댐)

단둥의 북중 경협인프라 중 에너지 관련 시설로는 크게 원유 송유관과 수력발전소를 들 수 있다. 특히 핵실험 등으로 북중관계가 나빠질 때마다 언론에 자주 등장하는 것이 단둥의 송유관 시설이다. 단둥의 송유관 시설은 구도심에서 북동쪽으로 30여 km 떨어진 교외에 위치해 있으며, 현지 지명은 전안구(振安区) 러우팡진(樓房鎭) 싱광(星光) 촌이다. 북한은 헤이룽장성의 다칭(大慶)에서 생산되는 원유를 중국석유천연가스공사(中国石油天然气集团公司, China National Petroleum Corporation: CNPC) 소속의 중국석유천연가스송유관국(中国石油天然气管道局, China Petroleum Pipeline Bureau: CPP) 단둥중조우의석유수출지사(丹东中朝友谊输油气分公司)를 통해 수입하고 있다(이종운 · 홍이경, 2013). 『중국통상구연감(中国口岸年鉴)』에는 매년 50만 톤 규모의 일정한 양의 원유가 단둥 송유관로를 통해 북한으로 수출되는 것으로 나와 있다.

압록강변을 따라 단둥시 외곽의 농촌지역인 관덴현(寬甸縣)까지 나가면 태평만댐과 수풍댐 두 개의 수력발전소와 마주치게 된다. 태평만댐과 수풍댐 수력발전소의 관리는 북한과 중국이 공동으로 운영하는 조중압록강수력발전회사[39]가 맡고 있다. 이 회사의 이사회인 '조중수력발전이사회'

---

39 조중압록강수력발전회사는 북한과 중국이 압록강 수자원을 공동으로 개발·이용하기 위해 설립한 회사로, 1955년 4월 창설됐으며 회사 운영을 위해 매년 교대로 평양 또는

**표 2-19** 중국의 대북 전력 거래 추이

| 연도 | 대북수출 | | 대북수입 | |
|---|---|---|---|---|
| | 금액(달러) | MWh | 금액(달러) | MWh |
| 2001 | 7,562 | 63 | 582,711 | 36,289 |
| 2002 | 565,165 | 8,846 | 132,626 | 9,979 |
| 2003 | 789,137 | 11,107 | 769,334 | 31,838 |
| 2004 | 663,548 | 8,569 | 2,014,059 | 83,350 |
| 2005 | 62,728 | 657 | 2,365,928 | 90,146 |
| 2006 | 122,659 | 1,179 | 3,810,648 | 141,129 |
| 2007 | 203,239 | 1,710 | 4,756,646 | 168,502 |
| 2008 | 1,666,333 | 17,937 | 4,400,029 | 143,535 |
| 2009 | 778,589 | 7,841 | 4,150,721 | 128,886 |
| 2010 | 403,105 | 3,345 | 4,911,184 | 151,710 |
| 2011 | 1,325,615 | 11,366 | 5,652,795 | 167,013 |
| 2012 | 1,594,277 | 13,146 | 5,151,699 | 143,292 |

자료: 中国海关统计.

는 1955년 설립 이후 매년 평양과 베이징에서 번갈아 가며 이사회를 개최하고 있는데, 이사장은 북측 전력공업성 부상이 맡고 있으며 중국 측에서는 국영 전력회사인 국가전력망공사(国家电网公司, State Grid Corporation of China: SGCC) 부사장 등이 이사회에 참여하는 것으로 알려져 있다.[40] 발전소 운영과 관련하여 한 가지 흥미로운 사실은 전력난에 시달리고 있는

---

베이징에서 이사회를 개최한다. 이사회에서는 1) 양국이 공동으로 건설·운영하고 있는 발전소의 운영 문제 및 신규 발전소 건설 문제, 2) 전년도 사업결산과 당해년도 사업 결정 등에 대한 제반 문제를 협의한다. 조중압록강수력발전회사에서 운영하는 발전소로는 수풍발전소(70만 kW), 운봉발전소(40만 kW), 태평만발전소(19만 kW), 위원발전소(39만 kW) 등이 있으며 이들 발전소에서 생산되는 전력은 북한과 중국이 반씩 나누어 사용한다(http://www.kplibrary.com).

40 「북중수력발전이사회 결정서 조인」, 『연합뉴스』(2009. 3. 3).

북한이 오히려 상당 규모의 전력을 중국에 수출하고 있다는 점이다. 중국 해관통계를 보면 중국은 2006년부터 매년 15만 MWh, 금액으로는 400-500만 달러 상당의 전력(HS 2716)을 북한에서 수입하고 있다. 이는 북한과 중국이 공동으로 운영하는 압록강 수계의 발전소에서 생산하는 전력 중 북한이 사용해야 할 몫의 일부를 중국으로 수출하고 있기 때문으로 보인다. 북한은 송전망 시설의 낙후로, 송전 과정에서 전력 누수가 심하기 때문에 발전소 발전량의 절반인 자기 몫의 전력을 사용하지 않고 오히려 이를 중국 측에 수출하는 것이다.

# 제3장

# 단등시 현지 기업 설문 결과의 분석과 평가

이 장에서는 앞에서 소개한 중국 현지 기업 조사자료를 이용하여 중국과 북한의 경제거래를 기업의 미시적 차원에서 분석한다. 보다 구체적으로 1절에서는 단둥시에 소재한 기업을 대상으로 한 설문조사의 개요와 주요 통계량에 대한 기술적 통계를 제시한다. 2절에서는 무역기업과 투자기업에게 공통으로 설문한 내용을 설명하고, 3절에서는 무역기업에 대한 설문 분석, 4절에서는 투자기업에 대한 설문 분석 결과를 기술한다.

## 1. 조사 개요와 기술적 통계

### 1) 조사 개요

설문조사는 단둥시에 소재한 대북 무역·투자기업을 대상으로 개별 면접 방식으로 이루어졌다. 조사는 2012년 2월부터 2013년 8월에 걸쳐 두 차례로 나누어 시행하였다. 1차 조사는 2012년 2월부터 7월까지 6개월 동안 연구자가 현지에 체류하며 진행하였고, 2차 조사는 2013년 6월부터 8월까지 3개월 동안 몇 차례 단기 방문을 통해 진행하였다.

설문조사지는 회사 기초정보, 사업 환경, 무역기업 대상 설문, 투자기업 대상 설문 등 크게 네 부분으로 구성되었다. 설문문항은 유럽부흥개발은행(European Bank for Reconstruction and Development: EBRD)이 동유럽과 중앙아시아 26개 체제전환국을 대상으로 실시하는 '기업 환경과 기업 성과 조사(Business Environment and Enterprise Performance Survey)'와 세계은행(World Bank)이 69개 저개발국을 대상으로 실시한 '기업활동의 제도적 제약(Institutional Obstacles for Doing Business)'의 문항을 참고하여 개발하였다. 그리고 대북경협의 특징을 반영하기 위해, 국내에서 실시되는 KDI의 '남북경협에 관한 교역업체 및 전문가 대상 설문조사'와 무역협회의 '남북경협 전망 및 애로사항 조사' 문항들도 함께 참조하였다.

### 2) 기초통계량

#### (1) 표본 수

설문조사에 참여한 표본 기업 수는 176개이다. 우선, 이러한 규모의 표본 수가 단둥의 전체 대북거래기업 모집단 중 어느 정도 비율인지 확인할 필요가 있다. 중국 언론에 보도된 바에 의하면, 단둥에서 대북거래를 주로 하는 변경소액무역기업 수는 대략 500개로 알려져 있다.[1] 단둥시 관리와의 인터뷰에서도 단둥시의 등록된 대북거래기업은 2천 개 정도이며, 이 가운데 지속적으로 거래하는 기업은 500여 개라는 비슷한 통계를 확인할 수 있었다.[2] 따라서 표본 기업 수 176개와 거래기업 수 500개를 단순히 비

---

1 「丹东将扩大对朝贸易 欲成区域经济枢纽」, 『中国日报』(2011. 3. 9), 단둥시장 인터뷰 내용 중.

2 단둥시대외무역경제합작국(丹东市对外贸易经济合作局) 부국장 인터뷰(2013. 8. 21).

**표 3-1** 회사 형태별 표본 기업 수

| 회사 형태 | 표본 기업 수 | 비중 |
|---|---|---|
| 유한기업 | 91 | 52% |
| 외국인기업 | 10 | 6% |
| 개인기업(사업자) | 75 | 42% |
| 총계 | 176 | 100.0% |

교하면, 이 조사는 전체 모집단 기업의 30% 이상을 조사한 셈이 된다. 그러나 두 수치에서 정의하는 기업의 의미에는 차이가 있기 때문에 이렇게 단순비교하기는 어렵다.

중국 언론에 보도된 대북거래기업 수 500개는 앞서 제2장에서 설명한 '변경소액무역경영권'을 보유한 법인기업 수를 의미한다. 반면, 이 조사에서는 법인으로 등록되지 않은 상당수의 개인기업(사업자)이 포함되어 있다. 표본 중 개인회사를 제외한 법인기업의 표본 수는 101개이며, 이를 기준으로 한다면 표본 크기는 전체 모집단의 최대 20% 정도를 포괄한다고 할 수 있다. 여기서 최대치라고 한 이유는 법인기업 중에도 일부는 별도의 무역권한 없이 수출입대리업체를 통해 대북무역을 하는 경우도 있기 때문이다. 따라서 조사된 표본 수는 단둥의 등록된 대북거래기업 중 대략 10-20% 범위를 포괄한다고 볼 수 있다. 회사 형태별 표본 기업 수와 비중은 표 3-1에 제시되어 있다.

### (2) 기업 분류

3장에서는 대북거래기업을 여러 종류로 분류하여 분석하였다. 첫째는 사업 방식에 따라 무역기업과 투자기업으로 구분하였다. 전체 176개 기업 표본 중 무역기업이 122개, 투자기업이 38개, 그리고 무역과 투자를 동시에 하는 업체는 16개였다. 무역과 투자를 같이 하는 업체는 전체의 9%에 불과하지만 실제로는 그보다 많을 가능성이 있다. 그 이유는 설문에 참여

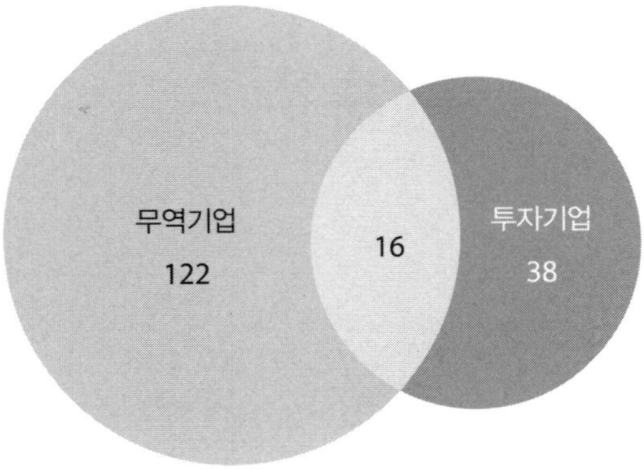


**그림 3-1**
무역기업과 투자기업의 분포

한 많은 기업이 북한 현지에 일정한 설비를 제공하고 현물(광물, 의류, 수산물)로 상환받는 '설비제공형 투자'를 하고 있기 때문이다.[3] 이러한 기업 활동은 무역과 투자에 걸쳐 동시에 이루어지지만, 인터뷰에서는 설문 가능한 부분만 조사했기 때문에 두 부문 중 한 부분의 활동만 조사에 포함된 경우가 있다.

둘째, 기업 실소유주의 민족배경(ethnic background)에 따라 한족, 조선족, 북한화교[4] 기업 등으로 분류하였다. 단둥의 대북거래기업들은 민족배경에 따라 북한, 중국, 남한 시장과 서로 다른 네트워크를 형성하며 다양하고 역동적인 비즈니스 관계를 만들어 내고 있다. 따라서 이러한 민족배경에 따른 구분은 북중 접경지역 기업의 사업적 특성을 파악하는 데 매우

---

3 엄밀한 의미에서는 '설비제공형 투자'는 일종의 연불수출(수출대금의 지불을 일정 기간 연기해 주는 결제조건을 인정하는 수출 방식)로 무역의 한 형태로 볼 수도 있지만, 설문조사에서는 북중거래의 특수성을 감안하여 투자기업으로 분류하였다. 자세한 설명은 투자기업 설문 분석 참조.

4 북한화교(또는 조선화교)란 북한에서 태어난 중국화교를 말한다. 강주원(2012)은 단둥에 거주하는 북한화교가 2천 명 정도라고 보고한다. 신화통신에 의하면, 2008년 기준으로 북한에 거주하고 있는 화교 수는 4천 명으로 추산된다(「平壤中国留学生和华侨火炬手的心声 祝福北京奥运」, *Xinhua News*, 2008. 4. 27).

**표 3-2** 사업 방식과 민족배경에 따른 기업 분류

| 구분 | 무역기업 | 투자기업 | 무역 및 투자 기업 | 계 |
|---|---|---|---|---|
| 한족 | 51 | 20 | 5 | 76 |
| 조선족 | 28 | 8 | 4 | 40 |
| 북한화교 | 26 | 4 | 5 | 35 |
| 기타 | 17 | 6 | 2 | 25 |
| 계 | 122 | 38 | 16 | 176 |

유용하다.

표 3-2와 같이 민족배경에 따라 기업을 분류하면, 한족 기업이 76개(43%)로 가장 많았고, 조선족 기업이 40개(23%), 북한화교 기업이 35개(20%)로 조사되었다. 단둥 대북거래기업 모집단의 정확한 분포를 알기는 어렵지만 현지 인터뷰 내용을 기준으로 판단하면, 한족 기업의 비중이 가장 높고, 조선족기업과 북한화교 기업의 비중은 비슷한 이 조사의 표본 분포는 현지 각 기업집단의 분포와 대체로 일치하는 것으로 보인다. 기타 기업은 25개로 14.2%를 차지하였다. 기타 기업의 대부분은 실소유주가 한국인인 기업으로 중국 현지에서의 법적 · 행정적 편의와 한국 정부의 제재조치 등의 문제로 조선족, 한족의 명의를 이용하여 회사를 운영하고 있었다.

## 2. 무역 · 투자기업 공통 설문 결과 분석

이 절에서는 무역기업과 투자기업에게 공통으로 질문한 '사업 진출입', '사업 방식' 및 '사업 환경'과 관련된 조사 내용을 정리하였다.

### 1) 사업 진출입 요인

그림 3-2에서 보는 바와 같이, 중국 기업의 대북사업 진입은 2000년을 기점으로 점차 확대되어, 2008년 남북관계가 악화되는 시점에 급증하는 추세를 보인다. 무역기업과 투자기업 모두 2008년 전후로 대북사업에 진입하는 기업 수가 증가한 것으로 나타났다. 이는 2008년 이후 북한 무역액 기준으로 남북 간 교역액은 정체 또는 감소하는 반면, 북중무역액은 급격히 확대되는 추세와도 대체로 일치한다.

민족배경에 따른 기업별 대북사업 진입 시기를 비교해 보면, 2008년 이

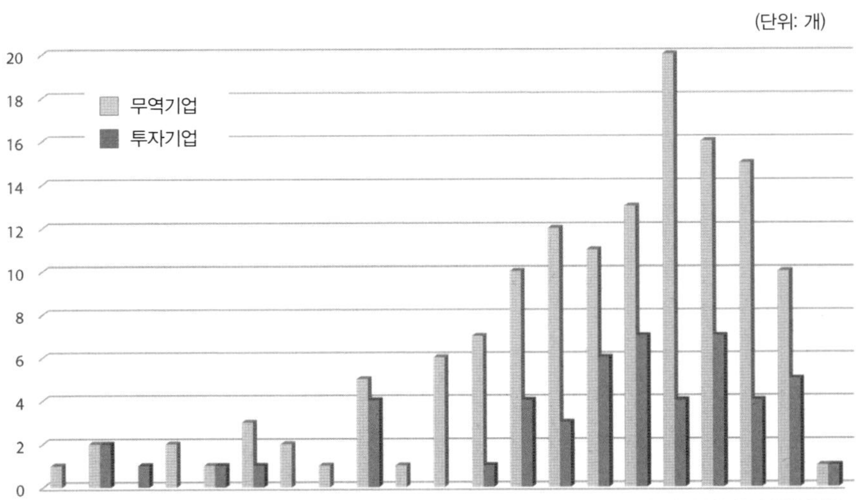


**그림 3-2** 사업 방식별 대북사업 진입 시기 추이

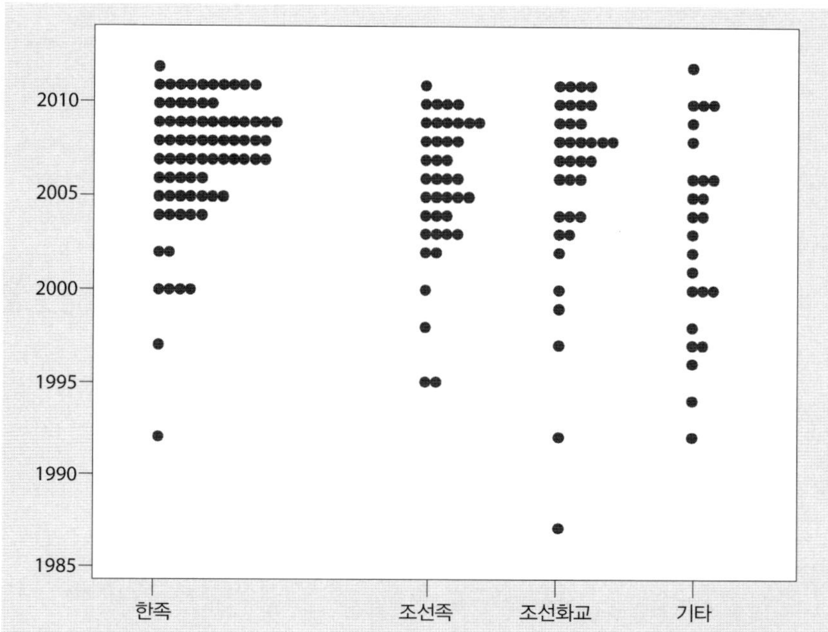


**그림 3-3** 민족배경별 대북사업 진입 시기 비교

후의 대북거래기업 증가는 주로 한족 기업과 북한화교 기업에 의해 주도되었음을 알 수 있다(그림 3-3 참조). 이에 비해, 조선족 기업과 다수의 한국계 기업이 포함된 기타 기업군은 그 이전인 2000년대 중반에 비교적 활발히 대북사업에 진입하였다. 이는 1차 남북정상회담 이후 남북관계가 급속히 개선됨에 따라 단둥을 중심으로 남·북·중 연계 무역에 관여한 조선족 기업과 한국계 기업 수가 많아졌기 때문인 것으로 보인다. 그러나 이후 이명박 정부의 출범과 5.24 조치 등으로 한국과 사업적 네트워크를 갖고 있는 한국계 기업과 조선족 기업의 진입은 줄어들고, 그 자리를 한족과 북한화교 기업들이 메우고 있는 것이다.

(1) 진입 동기

대북사업 진입 동기에 대해서 현재 수익률, 미래 사업 가능성, 정부 지원

**표 3-3** 민족배경별 대북사업 진입 동기

| 진입 동기 | 한족 | 조선족 | 북한화교 | 기타 |
|---|---|---|---|---|
| 현재 수익률 | 45% | 48% | 49% | 56% |
| 미래 사업 가능성 | 53% | 48% | 49% | 40% |
| 정부 지원 | 2% | 2% | 2% | 0% |
| 기타 | 0% | 2% | 0% | 4% |
| 계 | 100% | 100% | 100% | 100% |

(세금환급 등) 중에서 선택하도록 한 결과, '현재 수익률'과 '미래 사업 가능성'이 비슷한 비율로 나타났다. 표 3-3과 같이 민족배경에 따라 구분하더라도 두 응답 간에 큰 차이는 보이지 않는다. 다만 한족 기업의 경우 '미래 가능성'이라는 응답이 다른 집단에 비해 다소 높게 나왔다. '정부 지원'이란 응답은 낮은 비율로 조사되었는데, 여기서 '정부 지원'의 의미는 대북 수출 시, 수출기업이 중국 세관으로부터 받게 되는 '수출 증치세(부가가치세) 환급'을 의미한다.[5]

### (2) 퇴출 요인

이 조사에서는 현재 대북사업을 하고 있는 기업뿐 아니라 대북사업을 중단한 11개 기업도 조사에 포함하였다. 생존 기업만을 대상으로 분석할 경우 대북거래의 수익률 등에서 과장되어 조사되는 표본선택편의(sample selection bias) 문제가 발생할 수 있기 때문이다.

퇴출 비율을 민족배경별로 비교해 보면, 조선족 기업과 기타 기업의 비율이 높게 조사되었다(표 3-4 참조). 조선족과 한국계가 다수 포함된 기타 기업들의 주된 공통점은 남한 시장과의 연계성이 강하다는 점이다. 특히

5 이에 대한 자세한 설명은 제2장의 '단둥시 대북 경제교류의 제도적 특징'을 참고하라.

**표 3-4** 민족배경별 생존기업과 퇴출기업 분포

| 구분 | 한족 | 조선족 | 북한화교 | 기타 | 계 |
|---|---|---|---|---|---|
| 생존기업 수 | 75 | 35 | 34 | 21 | 165 |
| 퇴출기업 수 | 1 | 5 | 1 | 4 | 11 |
| 퇴출기업 비율 | 1% | 13% | 3% | 16% | 6% |

남한이 이들 기업들의 대북 위탁가공 생산품이나 북한 농수산 수입품의 최종 소비지가 되는 경우가 많다. 따라서 '5.24 조치' 등 남한 정부의 대북 제재조치로 인한 시장의 상실 또는 축소가 이들 기업으로 하여금 대북사업을 포기하게 한 주요 요인이 되었을 것으로 보인다.

## 2) 사업 방식

### (1) 거래 대방

이 조사에서는 "귀사와 가장 많은 거래가 이루어지는 조선 측 대방(對方)[6]은 어떠한 형태의 기업입니까?"라는 질문을 통해, 거래 파트너가 되는 북한 기업의 소속기관에 대해 조사하였다. 북한의 무역회사는 내각의 무역성에 소속되어 통일적으로 운영되는 것이 아니라 당, 군부, 내각의 각기 다른 권력기관에 소속되어 있다. 이렇게 내각경제와 별개의 특권경제는 1970년대에 이미 시작되었고, 1990년대 경제위기 속에서 각 기관의 자력갱생이 요구되면서 더욱 강화되었다. 경제위기 중에 당과 군부가 내각 소속이던 광산, 공장, 농장, 어장 기업소 가운데 수익성이 높은 것들은 군부 산하로 흡수하면서 몸집을 불려나간 것이다. 그중에서도 군부 소속 기업

6 북한어로 '대방(對方)'은 '상대방'이나 '상대편'을 의미하며, 상업적 거래에서는 '거래처'라는 의미로 사용된다.

**표 3-5** 민족배경별 대북거래기업의 소속기관

| 소속기관 | 한족 | 조선족 | 북한화교 | 기타 | 전체 평균 |
|---|---|---|---|---|---|
| 당 | 25% | 28% | 28% | 12% | 24% |
| 군 | 24% | 15% | 20% | 12% | 19% |
| 내각 | 16% | 17% | 6% | 28% | 16% |
| 지방행정기관 | 25% | 40% | 23% | 8% | 26% |
| 개인 | 10% | 0% | 23% | 40% | 15% |

들은 '선군정치'의 기치 아래 대외무역에서 가장 큰 권한을 가지고 있는 것으로 알려져 있다(임강택 · 양문수 · 이석기, 2011).

이렇게 분권화된 북한의 대외무역구조는 이번 조사에서도 잘 드러났다. 당, 군부, 내각, 지방행정기관, 개인 등 소속기관별 비중은 각각 20% 내외로 비슷하게 조사되었다(표 3-5 참조). 이 가운데 지방행정기관의 비중이 상대적으로 높은 것은, 단둥의 지역적 특성상 평안북도 인민위원회나 산하 기업들과 위탁가공 관련 거래가 자주 발생하기 때문이다.

민족배경에 따라 북한 기업의 소속기관을 비교해 보면 표 3-5와 같다. 특징적인 부분은 거래규모가 상대적으로 큰 한족 기업인 경우, 군 소속기업과의 거래 비중이 높다는 것이다. 반면에 도소매 등 거래규모가 상대적으로 작은 북한화교 기업의 경우 개인과의 거래 비중이 높다.[7] 마지막으로 위탁가공무역 비중이 높은 조선족 기업은 지방행정기관과의 거래 비중이 높은 것으로 조사되었다.

7 여기서 거래 대방으로 개인의 의미는 크게 두 가지로 나뉜다. 하나는 실제로는 기업이 군, 당, 내각 등에 소속되어 있지만 이 기업으로부터 개인이 일부 권한을 위임받아 대중무역을 하는 경우이다. 이때 설문 응답자가 개인의 배후에 있는 정확한 소속기관을 알지 못하는 경우에는 개인과 거래하는 것으로 간주하였다. 다른 하나는 단둥에 북한 상사 주재원으로 거주하거나 친척 방문 등을 통해 방문한 북한 사람들의 주 거래처인 경우 개인의 범주에 포함하여 조사하였다.

### (2) 거래기간

북한 기업의 거래기간은 "현재 거래하고 있는 중요한 조선 대방 중 가장 오래 거래한 대방과 몇 년간 거래하였습니까?"라는 질문을 통해 설문하였다. 전체 기업의 평균 거래기간은 5.9년으로 조사되었다(표 3-6 참조). 조선족 기업과 북한화교 기업이 한족 기업에 비해 거래기간은 길었으나, 이들 기업의 표준편차도 한족 기업에 비해 큰 것으로 조사되었다.

거래기간은 북한 기업이 소속된 기관에 따라 좀 더 분명한 차이를 나타냈다. 그림 3-4는 박스 그래프(box graph)[8]을 통해 북한 기업의 소속기관 별 거래기간을 비교한 것이다. 군 소속 기업과의 거래 기간 분포는 다른 소속 기업에 비해 전반적으로 긴 구간에 분포함을 확인할 수 있다. 이는 군 소속 기업들과 사업적 신뢰관계가 상대적으로 오래 지속되기 때문인 것으로 보인다.

이러한 소속기관별 거래기간 차이는 북한의 특수한 무역제도 중의 하나인 '와크 제도'에서 기인하는 것이다. 북한 무역회사의 수출입 '와크'[9]란 무역 품목과 액수에 대하여 중앙권력이 허가해 준 수출독점권으로, 외국과 직접 무역을 할 수 있는 권한과 그 규모를 의미한다(임강택 · 양문수 · 이

**표 3-6** 민족배경별 대북거래기업의 거래기간

| 구분 | 한족 | 조선족 | 북한화교 | 기타 | 전체 |
|---|---|---|---|---|---|
| 평균(년) | 5.1 | 6.6 | 6.8 | 5.8 | 5.9 |
| 표준편차 | 3.2 | 3.6 | 3.9 | 3.9 | 3.6 |

8 박스 그래프에서 박스의 상단은 25% percentile, 하단은 75% percentile을 표시하고, 박스 중간선은 median 값을 나타낸다.

9 신문 보도에 따르면, 와크라는 용어의 유래는 러시아의 대외무역위원회를 뜻하는 '바트'에서 왔다는 의견과, 일본어에서 '틀'이라는 의미를 가진 '와꾸(わく)'에서 왔다는 의견 등이 있으나, 아직까지 정확한 출처는 확인되지 않았다. 그러나 후자의 견해가 더 설득력이 있다고 판단된다.

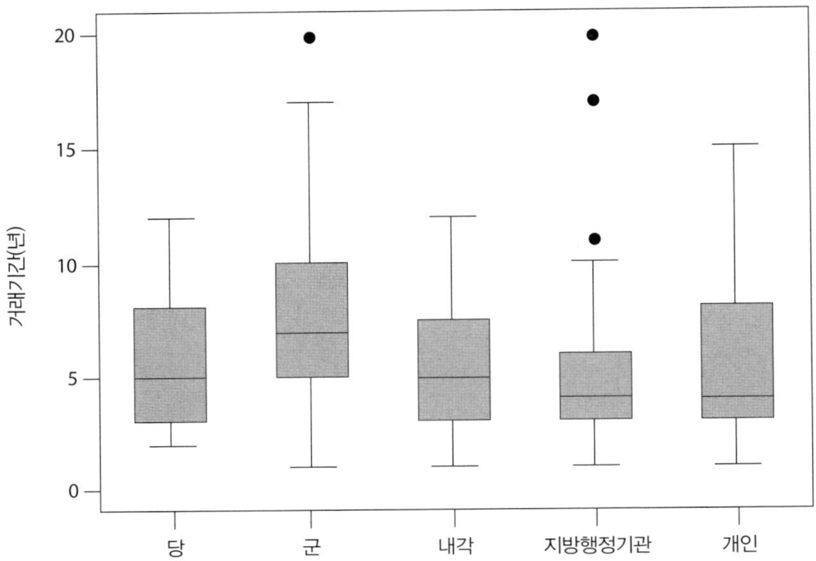


**그림 3-4** 북한 기업의 소속기관에 따른 거래기간 비교

석기, 2011). 어떤 기관에 소속된 회사들이 얼마나 큰 와크를 허가받느냐 하는 것은 그 시점에서 당, 군부, 내각 중 어느 쪽에 힘이 실리느냐에 따라 결정된다고 알려져 있다. 일례로, 김정일 정권의 '선군정치'하에서는 군부 산하의 무역회사에 많은 와크가 부여되었다면, 김정은 집권 이후에는 당과 내각의 권한이 강화되면서 상대적으로 이들 기관 소속 기업에 부여되는 와크가 늘어나거나, 기존에 큰 와크를 부여받았던 군부 소속 회사들이 당, 내각 소속으로 이전되는 현상이 일어나는 것으로 알려져 있다.

인터뷰에서도 대부분의 대북 기업인들은 군부 소속 북한 기업이 가장 큰 권한을 가지고 있으며 신뢰할 수 있는 사업 파트너라고 꼽았다. 특히 단둥시에서 대북 석탄 수입 규모가 가장 큰 H업체나, 둥항시(东港市)의 가장 큰 대북 수산물 수입·가공업체인 B업체와의 인터뷰에 따르면, 이들 업체들의 북측 주요 상대기업은 동일하게 군부 소속의 승리무역회사[10]였다.

### (3) 협의 방식

중국 기업의 대북사업 협의는 대부분 북측 파트너의 중국 방문을 통해 이루어지는 것으로 조사되었다(그림 3-5, 3-6 참조). 이러한 경향은 사업 방식이나 민족배경별 구분에서도 공통적으로 나타났다. 이처럼 중국 방문을 통한 협의가 북한 방문보다 선호되는 이유는 다음의 측면에서 찾을 수 있다.

첫째는 중국 기업이라 할지라도 북한 방문 및 북한에서의 사업 협의가 용이하지 않다는 것이다. 북한과 중국 간에는 무비자협정이 체결되어 있지만, 북한은 공무여권이 아닌 일반여권의 경우에는 비자 발급을 의무화하고 있다. 비자 발급 절차 자체는 까다롭지 않지만 남한 방문 횟수가 많은 경우 종종 발급이 거부되는 사례도 있다. 비자를 받는 경우에도 방문지역, 국경통과지점 등이 비자에 명시되어 북한 내에서 자유로운 이동은 제한된다. 북한 체류 비용도 만만치 않은 것으로 조사되었다. 기업인의 인터뷰에 의하면, 북한은 외국인에게는 호텔 숙박료, 식비, 회의 장소 사용료 등을 북한 내국인에 비해 매우 높은 가격을 책정하여 받고 있다. 사업 협의 시에도 '조선해외동포원호위원회'(조선족의 경우) 등 정부기관 관계자가 동석하기 때문에 자유로운 사업 협의가 사실상 어렵다고 한다.

둘째로, 단둥은 현지에 거주하는 북한 주재원들이 많아, 중국에서의 상시적인 사업 협의가 가능하기 때문이다. 만하이펑(满海峰, 2012)은 단둥에 120여 개의 북한 상사 사무소가 개설되어 있고, 단둥에 상주하는 북한 상인이 5천 명에 이른다는 수치를 제시한 바 있다. 이처럼 단둥은 북중 경제교류의 중심지로 특수한 사업적 인프라가 갖추어져 있기 때문에 중국 현

---

10 승리(경제연합)무역회사는 1987년 설립된 회사로 조선승리무역회사, 련승합영련합회사, 승리하이판드국제은행 등이 산하회사로 있다. 주요 수출품은 무연탄과 전기아연, 조연을 비롯한 유색금속들, 경소마그네샤, 중정석, 천연흑연을 비롯한 비금속제품들과 외장재, 타일, 차열강판을 비롯한 건설자재류 등이다. 최근 국내 언론보도에 의하면, 당 39호실 산하 대성무역으로 산하로 재편되었다는 보도가 있었다. 「北 김정은에게 숙청당한 리영호, 어디 있나보니 '충격'」, 『조선일보』(2012. 11. 19).

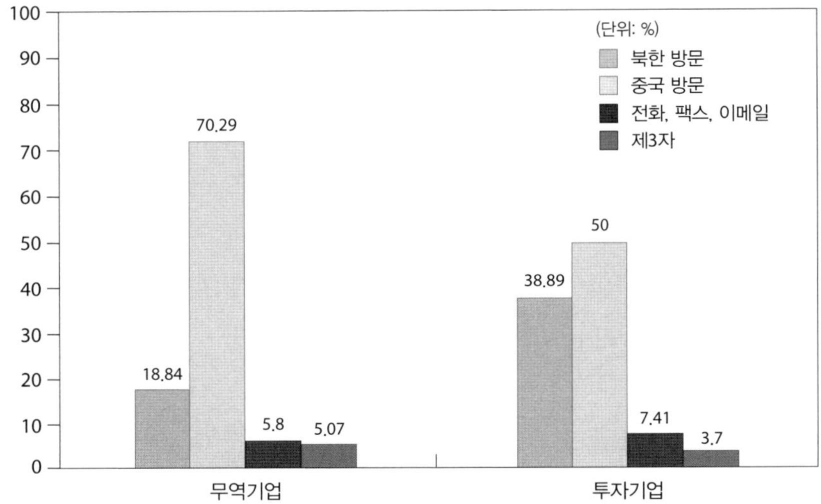


**그림 3-5** 사업 방식별 대북사업 협의 방식

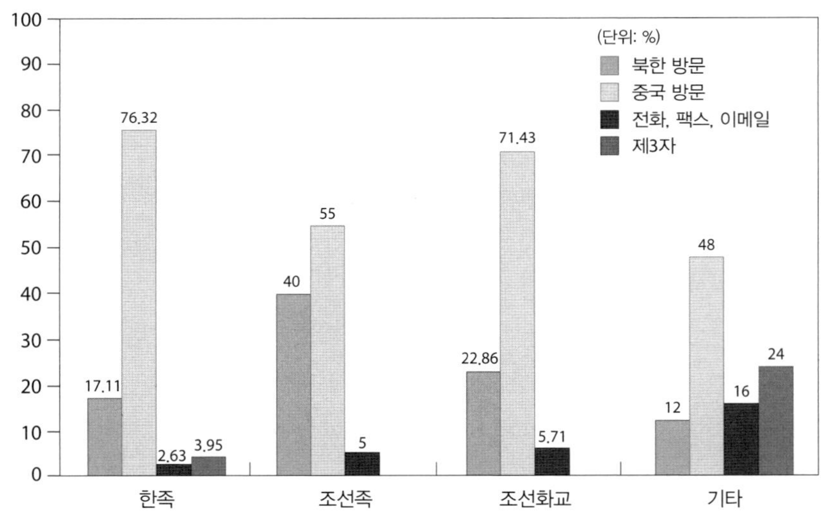


**그림 3-6** 민족배경별 대북사업 협의 방식

지에서의 협의가 활성화되어 있는 것이다.

셋째로, 북한 측 대방이 가능하면 중국에서 사업 협의를 원하는 경우가 많기 때문이다. 북한에서는 외국 출장을 경험하기가 쉽지 않아서 가능하면 해외에서 협의하는 것을 요청하는 경우가 많다.

### 3) 사업 환경

#### (1) 사업 관련 법 · 제도

사업 관련 법 · 제도는 북한 법 · 제도의 예측 가능성, 지난 5년간 북한 법 · 제도의 예측 가능성 추이, 대북사업의 가장 큰 장애요인 등 세 가지 질문을 통해 설문하였다.

첫째, 사업에 영향을 줄 수 있는 북한의 법과 제도에 대한 예측 가능성은 무역기업과 투자기업 모두에서 매우 낮은 것으로 조사되었다(표 3-7 참조). 무역기업의 73%와 투자기업의 57%가 예측이 불가능하다고 답하였다. 민족배경에 따라서도 큰 차이 없이 모든 그룹에서 '예측이 불가능하다'는 응답이 절반 이상을 차지하였다.

둘째, 지난 5년간 북한의 법 · 제도에 대한 예측 가능성 추이를 묻는 문항에서도 부정적인 응답이 다수를 차지하였다(표 3-7 참조). '감소' 또는 '변화 없음'이라는 응답이 무역기업과 투자기업에서 각각 45%와 52%를 차지한 반면, '증가'했다는 응답은 각각 4%와 5%에 그쳤다. 북한은 외국인 투자 활성화를 통한 경제 재건을 목표로 2011년 말, 소위 외국인투자법령의 모법인 외국투자법을 비롯한 외국인 투자 관련 법률 전 분야에 걸쳐 역

**표 3-7** 사업에 영향을 줄 수 있는 북한 법·제도의 예측 가능성

| 구분 | | 한족 | 조선족 | 북한화교 | 기타 | 전체 평균 |
|---|---|---|---|---|---|---|
| 무역기업 | 가능 | 23% | 37% | 23% | 32% | 27% |
| | 불가능 | 77% | 63% | 77% | 68% | 73% |
| 투자기업 | 가능 | 44% | 25% | 44% | 62% | 43% |
| | 불가능 | 56% | 75% | 56% | 38% | 57% |

**표 3-8** 최근 5년간 북한 법·제도의 예측 가능성 추이

| 예측 가능성 | | 한족 | 조선족 | 북한화교 | 기타 | 전체 |
|---|---|---|---|---|---|---|
| 무역기업 | 증가 | 1% | 6% | 0% | 11% | 4% |
| | 감소 | 9% | 9% | 0% | 5% | 6% |
| | 변화 없음 | 29% | 41% | 64% | 26% | 39% |
| | 모름 | 61% | 44% | 36% | 58% | 51% |
| 투자기업 | 증가 | 0% | 0% | 0% | 37% | 5% |
| | 감소 | 16% | 25% | 11% | 0% | 15% |
| | 변화 없음 | 36% | 33% | 33% | 50% | 37% |
| | 모름 | 48% | 42% | 56% | 13% | 43% |

**표 3-9** 무역기업과 투자기업의 대북사업 장애요인 비교

| 무역기업의 장애요인 | 비율 | 투자기업의 장애요인 | 비율 |
|---|---|---|---|
| 클레임 해결수단 부재 | 2% | 투자보장제도 미비 | 7% |
| 납기 불이행 | 18% | 전기 부족 | 7% |
| 품질 하자 | 12% | 물류의 어려움 | 6% |
| 관리기관의 부패 | 8% | 관리기관의 부패 | 7% |
| 통신, 통행의 어려움 | 15% | 통신의 어려움 | 10% |
| 북한 국내 정책의 잦은 변화 | 29% | 북한 국내 정책의 잦은 변화 | 35% |
| 주변국의 정책 영향 | 15% | 주변국의 정책 영향 | 15% |
| 기타 | 1% | 기타 | 13% |
| 합계 | 100% | 합계 | 100% |

대 가장 광범위한 법률 정비 작업을 단행한 바 있다. 그러나 이번 설문 결과에 비추어 본다면, 법률 정비 작업은 문서로만 이루어졌을 뿐 현장에서 대북사업을 하는 중국 기업의 입장에서 체감할 수 있는 수준의 제도 개선은 아직까지 이루어지지 못한 것으로 평가된다.

대북사업 시 가장 큰 장애요인을 묻는 설문을 통해서도 북한의 법 · 제

도 수준의 한 측면을 파악할 수 있다. 무역기업과 투자기업 모두에서 '북한 국내 정책의 잦은 변화'가 가장 큰 장애요인으로 조사되었다(표 3-9 참조). 무역기업의 29%와 투자기업의 35%가 '북한 국내 정책의 잦은 변화'를 사업의 가장 큰 장애요인으로 지목했다. 인터뷰에서 기업인들은 북한 정책 변화의 주요 사항으로 지하자원과 관련된 임의적인 수출입 중단 조치, 노동력의 국가 동원, 기업 지배인의 임의적 교체, 핵실험 등에 따른 통관 중단 등을 꼽았다. 관련 인터뷰 내용은 다음과 같다.

"북한과 광물계약 시 평상시에는 안정적으로 물량 공급이 가능하다. 하지만, 조선 정부의 특별한 정책으로 인해 수입이 안 될 경우가 있는데, 이는 불가항력이다. 예를 들어 금년 미사일 발사, 핵실험 때는 광물이 전혀 들어오지 못했다."(한족 무역회사)

"김일성 생일이나 연말 배급 시에는 북한 공장에서 납기를 맞추는 것이 불가능하다. 우선적으로 자기네 필요한 물품을 국내에 공급하고, 그 다음에 수주 물품을 생산한다. 하지만 오랜 기간 대북사업을 하다 보면, 이러한 이 시기를 대충은 예상할 수 있다. 이런 문제들 때문에 북한 쪽 오더는 항상 납기를 여유 있게 받아야 한다."(기타 임가공회사)

"조선 금광에 있는 미광(尾鑛) 처리[11] 공장에 투자하였다. 그런데 공장 가동 시점에서 갑자기 조선 계약 당사자가 행방불명되면서부터 공장 운영이 지장을 받다가 얼마 지나지 않아 정지 상태에 들어갔다. 우리 측 직원을 강제귀

11 북한은 선광시설이 미비하여, 선광 이후 버려진 미광을 다시 처리하는 시설에 중국 중소기업의 투자가 많이 이루어졌다. 북한 무산광산의 경우에는 두만강에 버려진 철광석 미광을 재처리하는 중국 업체들이 존재한다.

환시키고 2년 동안 들어가지 못하게 했는데, 더 이상은 공장의 생산 정황을 정확히 알 수 없다."(한족 광산투자회사)

설문 결과와 인터뷰 내용을 종합해 보면 북한 정부의 사업과 관련된 법·제도 운영은 매우 불안정한 것으로 보인다. 즉, 북한이 법제에 의한 예측 가능한 사업 환경을 제공하지 않고, 정치적 상황에 따라 정책이 임의로 변함에 따라 대북거래기업이 체감하는 '국가적 리스크'는 매우 큰 것으로 평가된다.

설문 결과 중에는 위의 조사내용과 대비될 수 있는 결과도 있다. "지난 5년간 북측 상대 기업의 납기일, 품질 등에 있어 계약내용을 준수하는 수준은 어떠하였습니까?"라는 질문을 통해 북한 개별 기업의 계약 준수 수준에 대해서도 조사하였다. 이 질문에 대한 응답으로는 위의 설문 결과와는 대조적으로 긍정적인 평가가 대부분을 차지하였다(그림 3-7 참조). 즉, 62.5%(많이 좋아짐, 좋아짐 포함)에 해당하는 중국 기업이 '북측 상대 기업의 납기일, 품질 등 계약내용 준수 수준이 좋아졌다'고 응답한 것이다. 즉, 국

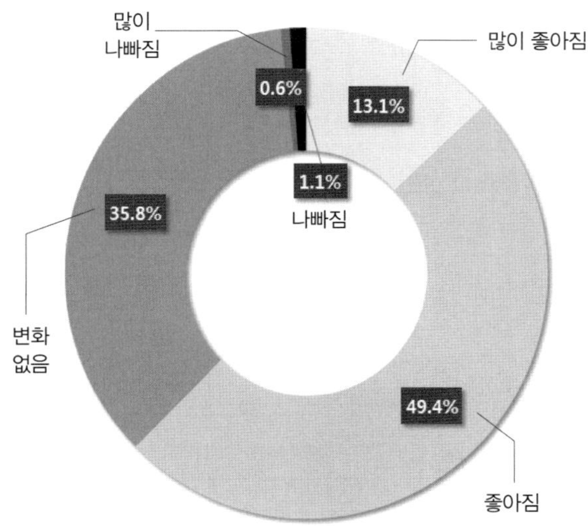


**그림 3-7**
북측 상대 기업의 계약준수 수준 변화

가적 리스크는 크고 줄지 않은 반면 북한 개별 기업 차원에서는 대외 무역 거래 경험이 쌓이면서, 국제적인 거래 규범에 대한 이들의 인식이 제고되고 있는 것으로 해석이 가능한 부분이다.

이와 관련된 인터뷰 내용은 다음과 같다.

"북한 내부도 능력본위의 사회로 가고 있다. 특히 무역일꾼들도 자기 목표를 채우지 못하면 승진하지 못하고 조직에서 탈락되고 있다. 일례로 조선 내부에서 작은 무역회사와 큰 무역회사가 합병된 일이 있었다. 작은 회사 사장은 유능하였지만, 회사 규모 때문에 큰 회사의 사장이 총사장이 될 것으로 예상하였다. 하지만 작은 회사의 사장이 합병된 회사의 사장이 되었고, 큰 회사 사장은 정치적으로 더 좋은 자리로 옮긴 사례가 있다."(조선족 컴퓨터 수출업체)

"내 사업 파트너인 북한 ○○건설 사장은 51세이다. 과거에는 이런 나이에 총지배인 되기가 어려웠다. 이것도 북한의 변화를 나타내는 것이다."(조선족 레미콘공장 투자업체)

"북한 내부에도 실력 있고 신용을 지키는 회사가 많다."(한족 무역회사)

"북한 사람들도 비즈니스 마인드가 달라지고 있다. 신용의 중요성을 인식하고 있다."(조선족 대북컨설팅회사)

이와 같이 북한과 거래하는 중국 기업의 평가에 따르면 북한의 개별(무역)회사 차원에서는 국제적 거래 규범의 준수 수준은 향상된 반면, 국가적 차원의 법·제도 적용의 안정성은 여전히 떨어지는 상태라고 볼 수 있다. 일반적으로 국가 차원의 개혁은 당국의 의지나 대외적 여건에 의해 단기간에도 달성이 가능한 과제라는 점을 감안하면, 북한의 현재 사업 환경은 북한의 정책 변화 의지에 따라서는 단기간 내에 상당히 개선될 가능성도 있다.

### (2) 분쟁 해결 방식

기업의 분쟁 해결 방식에 대한 설문에서도 북한의 열악한 사업 환경이 잘 드러났다. 대북거래에서 사업상 분쟁이 발생할 때 '개인적으로 해결'한다는 응답이 64%나 되었다. 이런 결과는 적어도 현장의 중국 기업 평가를 바탕으로 하면, 북한에서는 법적으로 보장된 공식 채널을 통한 분쟁 해결 기제가 제대로 작동하지 않는다는 사실을 보여 준다. 북한, 중국 정부 등 공식 채널을 통해 분쟁을 해결한다는 응답은 전체의 16%에 불과했다.

분쟁 해결 방식에서도 민족배경에 따라 차이를 보였다(표 3-10). 한족인 경우, 민족 집단 중 유일하게 중국 공식 채널을 통해 분쟁을 해결한다는 응답이 있었다. 조선족인 경우는 북한 정부를 통해 분쟁을 해결한다는 응답이 다른 집단에 비해 높게 조사되었다. 소규모 사업 위주의 북한화교는 개인적 해결의 비중이 다른 그룹에 비해 높게 나타났다.

투자보장과 관련된 기업 인터뷰의 진술 내용도 위의 조사 결과와 대체로 일치한다.

**표 3-10** 민족배경별 분쟁 해결 방식

| 구분 | 한족 | 조선족 | 북한화교 | 기타 | 전체 평균 |
|---|---|---|---|---|---|
| 북한 정부, 당, 법원 | 11% | 20% | 8% | 12% | 12% |
| 중국 정부, 법원, 대사 | 11% | 0% | 0% | 0% | 4% |
| 다른 회사 | 16% | 3% | 0% | 16% | 10% |
| 개인적 해결 | 54% | 65% | 86% | 60% | 64% |
| 해결 포기 | 7% | 12% | 3% | 12% | 9% |
| 기타 | 1% | 0% | 3% | 0% | 1% |
| 합계 | 100% | 100% | 100% | 100% | 100% |

"조선족과 북한화교는 주로 무역 방식으로 투자를 한다. 정부에 공식적인 등록 없이 민간 차원에서 진행하는 것이기 때문에 투자 위험이 크다. 반면, 한족 기업인 경우 북한에 투자하고, 양국 정부에 정식 투자 등록하여 합영, 합작으로 회사를 설립하는 경향이 있다. 따라서 외교 통로를 통한 투자보장이 가능하게 된다."(한족 대북컨설팅회사)

"북한 투자의 가장 위험한 점은 투자보장 자체가 안 된다는 점이다. 이런 점 때문에 점점 교역 위주로 거래가 바뀌고 있다."(조선족 농수산물 수입업체)

"한국 사람이 북한에 냉동 창고, 양식장에 직접 투자한 경우는 다 망했다. 투자 보장이 안 되기 때문이다. 중국의 큰 수산물 회사를 사이에 두고 해야 그나마 보장이 된다. 문제가 생겼을 때 호소할 곳이 생기는 것이다."(기타 수산물 가공업체)

법·제도에 기초한 분쟁 해결 비율이 낮다 보니, 북한에서 분쟁 해결 절차나 결과는 북한 당국의 결정에 따라 임의적으로 집행되는 경우가 많다. 예를 들면, 분쟁이 발생한 사업 분야에서 손실액에 상당하는 액수를 보상해 주기보다는, 국가가 운영하는 다른 사업을 통해 간접적으로 보상해 주는 것으로 파악된다. 관련 인터뷰 내용은 다음과 같다.

"2000년대 초반 단둥의 S기업은 북한 김책제철소에 엄청나게 투자했다. 제철소 정상화 이후 생산된 철강제품을 통해 투자금을 회수하는 방식이었다. 그러나 계획대로 생산 정상화가 이루어지지 못하여, 투입된 투자금 대부분을 손실을 봤다. 지금 그 기업이 하고 있는 석탄 수입이나 의류 임가공은 그때 손실에 대한 보상 차원으로 조금씩 하고 있는 것이다."(북한화교 의류임가공업체)

"중국 남방 ○○그룹의 1억 3천만 위안과 함께 우리 회사가 800만 위안을 투자하여 평양에 ○○컴퓨터 합영회사를 ○○○○년에 설립하였다. 하지만 현재까지 판매된 컴퓨터가 700-800대에 불과하여 공장 수익이 거의 없는 상태다. 공장 직원이 500명이고, 현지 기술자 4명이 나가 있는데, 현지 기술자 한 달 월급이 7,000-8,000달러 정도여서 타산이 전혀 맞지 않는다. 투자 손실액이 크기 때문에 이를 보상해 달라고 북한 정부에 계속 요구하였다. 최근 확보된 금광석 무역도 북한 정부가 투자 보상 차원에서 우리에게 준 것이다. 북한은 중앙에서 수출 와크를 할당하기 때문에 이런 식의 보상도 가능하다."(조선족 광물수입업체)

북한 기업은 모두 국가 소유이고 중앙의 통제에 따라 운영되기 때문에 이러한 방식의 분쟁 해결이 가능한 것으로 보인다. 소규모 위탁가공사업인 경우도 이와 유사하다. 만일 납기일이나 품질에 하자가 생겨 배상청구(클레임) 건이 발생하면, 중국 기업은 정확한 손실액을 북한 상대 업체에게 청구하기보다는, 다음 거래에서 해당하는 손실액을 공임에서 차감하는 방식으로 손실을 보상하는 것이 일반적이다. 이러한 분쟁 해결 수단의 부재는 무역거래 시 결제 방식에도 영향을 미친다. 이후에 살펴보겠지만, 대북거래 대금 결제는 대부분 '현금거래' 방식을 취하고, 결제 시기도 거래와 동시에 이루어지는 특징이 있다.

### (3) 기타 비용(뇌물) 관련

대북사업 추진 과정에서 필요한 뇌물에 대해서는 "북한과 사업하면서 기타 비용(접대비, 사례비)을 지불한 적이 있습니까?"라는 간접적인 방식으로 질문하였다. '지불한 적이 있다'는 응답은 54%로 과반을 차지하였다. 문항 내용이 민감한 주제인 탓에 '모른다'는 응답도 20%로 높게 조사되었다(표 3-11 참조). 그러나 현지 기업인들과의 인터뷰에서는 대북사업 추진을 위해 뇌물은 필수적이며, 이미 관행화되어 있다는 진술을 많이 들을 수 있

**표 3-11** 기타 비용(뇌물) 관련 응답 결과

| 기타 비용 지불 여부 | 지불한 적 있음 | 지불한 적 없음 | 모름 | 합계 |
|---|---|---|---|---|
| 비율 | 54% | 26% | 20% | 100% |

었다. 뇌물이 필요한 이유는 다양했다. 우선 앞서 설명한 수출입 와크(무역독점권)를 가진 기업과 거래관계를 개시하거나 유지하기 위해서이다. 또한 거래 시 유리한 가격을 협상하기 위해서도 뇌물이 사용된다. 현재는 5.24 조치로 남북 간 거래가 사실상 중단되었지만, 과거에는 중국에서 한국에 수출할 때 '북한산 원산지 증명'을 위해서도 뇌물이 필요했다.

아래는 기업인과의 인터뷰 중 뇌물과 관련된 부분이다.

"북한에서 큰 대방과 좋은 관계를 유지하거나, 새로운 대방과 관계를 트기 위해서는 접대가 필수적이다. 보통 북한 대표단이 올 때 기본으로 베이징, 상하이, 선전 등 주요 도시 관광을 시켜 주어야 한다. 그때 소요되는 항공비, 호텔비, 체제비 일체는 우리 회사가 부담한다. 또 명절 등 시시때때마다 선물도 챙겨 주어야 한다. 하지만 이를 매출액과 대비해서 보자면 큰 액수는 아니다."(한족 수출입대리회사)

"북한 무역회사는 광산이 개인 소유가 아니기 때문에 높은 가격을 받으려고 열심히 협상하지 않는다. 개인에게 뇌물만 잘 챙겨 주면 낮은 가격으로도 살 수 있다."(조선족 대북컨설팅회사)

기타 비용(뇌물)은 북중 간 사업 분쟁의 주요 원인으로 작용하는데, 아래 인터뷰 내용은 뇌물과 사업 분쟁의 관계를 잘 보여 준다.

"개인에게 준 것은 투자보장이 안 된다. 투자에 실패한 사람 중에 북한 기

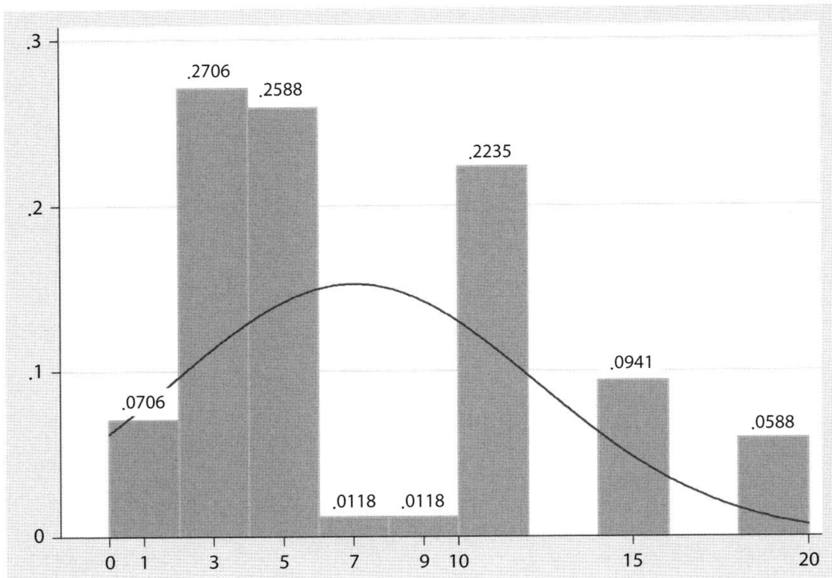


**그림 3-8** 기타 비용(뇌물)의 매출액 대비 비중 분포

업에게 주었다고 하지만, 실제로는 개인에게 준 경우가 많다. 신뢰관계에 의해서 제대로 된 계약관계 없이 투자한 경우는 보장이 어려운 경우가 있는데, 북한 투자는 이러한 형태로 이루어지는 게 많다. 예를 들면, 사업 시작 전에 북한 기관을 대표하는 사람들이 자기 몫을 챙겨야 하는 부분도 있고 해서 (뇌물을) 요구하는 경우가 많다. 중국 기업 입장에서는 이것도 다 비용인데, 실제 투자(혹은 계약)가 이루어지기 전에 분쟁이 생기면 이런 비용은 보장받기가 어렵다."(조선족 대북컨설팅회사)

기타 비용(뇌물)이 매출에서 차지하는 비중에 대한 설문에서는 그림 3-8에서 보는 바와 같이, 매출액의 3-5% 전후라는 응답 비중이 가장 높았다. 매출액의 10% 이상이라고 응답한 비중도 전체 37%를 차지하여, 대북사업에서 비공식 경비지출 부담이 큰 것으로 나타났다.

## 4) 북중특구 투자 의향과 북한 경제 전망

### (1) 북중특구 투자 의향

단둥 대북거래기업의 북중 접경지역 경제특구에 대한 평가는 대체로 부정적인 것으로 조사되었다. 표 3-12는 황금평 경제특구, 나선 경제무역특구 등 북중 접경지역에 개발 중인 경제특구에 투자할 의향을 묻는 설문 결과이다.[12] '고려하지 않는다'라는 응답이 '긍정적 고려'보다 3배나 많은 57%를 차지했다. 그나마 대북거래 규모가 크고 투자기업 수가 상대적으로 많은 한족 기업에서 '긍정적 고려'의 응답(24%)이 다른 민족 집단에 비해 높게 조사되었다. 부정적 응답의 가장 큰 이유는 특구개발사업의 부진한 진척 상황 때문인 것으로 보인다. 이하는 관련 인터뷰 내용이다.

> "최근 북중 간 굉장한 긴장관계가 있는 것 같다. 신압록강대교도 본강에 대한 공사만 진행되고 있지 그 뒤편의 샛강 다리, 평양 간 고속도로와 연결도로 공사는 진행이 되지 않고 있다. 황금평 개발사업도 현재 거의 중단 상태다. 원래는 홍콩 집단에서 모두 지원해 주기로 약속되어 있었지만, 현재는 이 또한

**표 3-12** 민족배경별 북중특구 투자 의향

| 구분 | 한족 | 조선족 | 북한화교 | 기타 | 전체 평균 |
|---|---|---|---|---|---|
| 긍정적 고려 | 24% | 10% | 9% | 20% | 17% |
| 상황에 따라 결정 | 31% | 28% | 11% | 28% | 26% |
| 고려하지 않음 | 45% | 62% | 80% | 52% | 57% |
| 합계 | 100% | 100% | 100% | 100% | 100% |

12 설문에서는 "중국과 조선이 새로 개발에 합의한 '황금평 경제특구' 및 '나선 경제무역특구' 등의 사업에 투자하실 계획이 있습니까?"로 두 특구에 대한 투자 의향을 구분하지 않고 질문하였다. 그러나 설문장소가 단둥으로 한정되었기 때문에 대부분의 설문응답자는 '황금평 경제특구'에 대한 투자를 염두하고 응답했을 가능성이 높다.

진행된 게 없다."(북한화교 농수산물 교역업체)

제2장에서 설명한 것처럼 황금평 경제특구는 2010년 5월 양국 정상의 합의로 사업이 착수된 이후 2013년 현재까지도 일부 택지정리작업과 소규모 건물 공사만 이루어지고 있을 뿐, 대규모 건설 공사는 이루어지지 않고 있다. 그러나 기업인 중 일부는 황금평 경제특구의 가능성을 높게 평가하기도 한다. 황금평 경제특구에 대한 긍정적 인터뷰 내용은 다음과 같다.

"지금 황금평에 대해 홍콩, 중국 기업들이 상당한 관심을 가지고 있다. 황금평은 비행기로 3시간 거리에 6억 정도 인구(일본인 포함)가 몰려 있어 시장성이 있다. 관세 없이 홍콩처럼 만들면 배후시장이 엄청날 것이다. 가까운 미래에 성공할 것이다. 중국과 북한 두 나라의 정부가 공식 발표한 것인데, 실패하면 정치적 부담도 상당히 클 것이다. 현재는 북한 로켓 발사 등을 외부적 여건 때문에 중국 정부가 적극적으로 추진하지 못하고 있다. 황금평 단독 세관 문제에 대해서는 양국 간에 이미 합의되었고, 다만 세관 운영 주도권 때문에 양국 정부의 의견차이가 있다. 하지만 관리위원장은 중국 사람이 할 것이고, 부위원장 두 명은 북한 사람이 하는 식으로 합의되었다. 신의주를 포함한 평안북도 주민들이 최대 20만 명 정도 나올 계획이다. 그래서 평안북도인민위원회가 관리위원회로 참여하는 것이다. 향후 남한 정부가 협력해야 이 사업이 성공할 수 있다."(기타 북한인력수입회사)

"황금평의 장점은 첫째는 북한 시장 진출에 대한 기대, 둘째는 낮은 기업세율이다. 현재 24%인데, 14% 기업세율을 적용할 예정이다. 셋째는 북한의 값싼 노동력이다."(한족 대북컨설팅회사)

"황금평 사업은 현재 국가급 3개 그룹이 대주주로 참여하고 있다. 황금평 개발에 중국 정부가 적극 나서는 이유는 북한을 개혁·개방으로 선도하려는 의도도 있다."(한족 건설분야 투자회사)

"단둥시에서는 북중 간 황금평, 위화도 개발사업에 협력해 나가고 있다. 이 사업은 단둥시가 주도하는 것이 아니라 국가급 사업이다."(단둥시 정부 관료)

위의 인터뷰 내용을 바탕으로 황금평 경제특구의 장점을 다음과 같이 요약해 볼 수 있다. 첫째는 중국 정부의 정책지원이다. 황금평의 경우에는 기업세율, 세관의 업무 자율성 등에 있어 특혜가 주어질 가능성이 있다. 이와 함께 중국 정부의 의지에 따라서는 기업들의 참여를 독려하기 위해 황금평 개발에 참여한 국영기업이나 민간 대기업의 투자 보장 인센티브를 별도로 제공할 여지도 있는 것으로 보인다. 둘째는 북한의 저임금 노동력이다. 특히 지금도 단둥에서 북한 인력 수입이 대규모로 이루어지고 있는 점을 감안하면, 북한 노동력을 활용한 사업모델은 상업적 성공 가능성이 높다고 평가할 수 있다. 셋째는 지리적 이점이다. 황금평은 단둥의 다둥항(大东港)과 인접해 있고 평양과도 신압록강대교로 바로 연결된다. 보다 넓게 보면 배후에 한국, 일본 등의 대규모 소비시장이 지리적으로 인접해 있기 때문에 글로벌 아웃소싱 생산기지로의 가능성이 있다.

### (2) 북한 경제 전망

북한 경제의 장기 전망에 대한 설문에는 긍정적 응답이 많았지만 현재와 비슷할 것이라는 응답도 적지 않았다(표 3-13 참조). 즉, 북한 경제는 장기적으로 개선될 것이라는 응답('상당히 개선'과 '다소 개선' 포함)이 56%를 차지했으며 현재와 비슷할 것이라는 응답은 41%, 악화될 것이라는 응답은 3%였다. 민족배경에 따라서는, 한족과 조선족이 북한 경제에 대해 긍정적인 전망이 많은 반면, 북한화교인 경우는 '현재와 비슷'할 것이라는 전망이

**표 3-13** 민족배경별 북한 경제에 대한 장기 전망

| 구분 | 한족 | 조선족 | 북한화교 | 기타 | 전체 평균 |
|---|---|---|---|---|---|
| 상당히 개선 | 20% | 28% | 11% | 12% | 19% |
| 다소 개선 | 44% | 45% | 20% | 32% | 37% |
| 현재와 비슷 | 34% | 22% | 69% | 52% | 41% |
| 다소 악화 | 1% | 5% | 0% | 4% | 2% |
| 상당히 악화 | 1% | 0% | 0% | 0% | 1% |
| 합계 | 100% | 100% | 100% | 100% | 100% |

**표 3-14** 민족배경별 향후 사업계획 규모

| 구분 | 한족 | 조선족 | 북한화교 | 기타 | 전체 평균 |
|---|---|---|---|---|---|
| 확대 | 53% | 55% | 24% | 41% | 46% |
| 현상유지 | 42% | 25% | 76% | 33% | 44% |
| 축소 | 4% | 15% | 0% | 13% | 7% |
| 중단 | 1% | 5% | 0% | 13% | 3% |
| 합계 | 100% | 100% | 100% | 100% | 100% |

많았다(69%). 이러한 결과의 배경에는 무엇보다 북한의 새로운 지도자인 김정은에 대한 기대가 크게 작용한 것으로 보인다. 이하는 관련 인터뷰 내용이다.

"이곳에서는 김정은이 등장하여 기대하는 분위기가 많다. 외국에서 공부했기 때문에 개방 쪽으로 나오지 않을까 기대한다. 그렇게 된다면 북한 경제가 좋아질 것이라고 생각한다."(한족 수출입대리회사)

"김정은 때가 김정일 때보다 일하기 편하다는 의견이 많다. 맞다, 틀리다가 확실하다고 한다."(북한화교 도소매기업)

자연스러운 결과지만, 북한 경제에 대해 긍정적인 민족 집단일수록 향후 대북사업규모에 대해서도 '확장'하겠다는 응답이 많았다(표 3-14 참조). 한족과 조선족 기업은 각각 53%와 55%가 앞으로 북한 사업을 확대하겠다고 응답하였다. 그러나 북한 경제의 전망에 대해서는 '현재와 비슷'할 것이라는 예측이 많았던 북한화교 기업가들은 향후 대북사업규모에 대해서도 '현상유지'라는 응답이 76%로 대다수를 차지했다.

## 3. 무역기업 설문 결과 분석

### 1) 기업 분류

설문에서는 무역기업을 주요 무역 형태에 따라 일반수출, 일반수입, 위탁가공, 도소매, 기타(밀수 등)의 다섯 가지로 분류하였다. 하나의 기업이 여러 형태의 무역활동에 참여할 경우에는 북한과 거래에서 가장 주요한 거래 활동을 중심으로 응답하도록 하였다. 표 3-15는 무역 형태와 민족배경에 따른 기업 분포를 보여 주는데, 그 특징을 요약하면 다음과 같다.

우선 일반수출기업은 37개 사로 전체의 27%를 차지하였다. 주요 수출품목으로 전기설비, 기계설비, 중고차, 전자제품(컴퓨터), 건설자재(기계), 잡화(화장품, 세제, 비누), 의류(속옷, 원단), 식품(식용유, 밀가루), 의약품 등 다양한 품목이 취급되고 있었다.

일반수입기업은 수출기업과 비슷한 34개 사로 전체의 25%를 차지하였다. 이 가운데 철광, 금정광, 석탄, 아연광 등 광물을 수입하는 업체가 16개 사로 전체의 절반가량을 차지하였고, 나머지는 대부분 농수산물(들깨, 어패류, 고사리, 도라지, 송이버섯 등) 수입 업체였다. 북중무역에서 북한의 대중 수출 품목은 단순한 반면 수입 품목은 다양한데, 설문조사 결과에도

**표 3-15** 민족배경별 무역기업 분포

| 무역 형태 | 한족 | 조선족 | 북한화교 | 기타 | 평균 |
|---|---|---|---|---|---|
| 일반수출 | 41% | 19% | 23% | 5% | 27% |
| 일반수입 | 30% | 28% | 13% | 21% | 25% |
| 위탁가공 | 18% | 47% | 32% | 42% | 31% |
| 도소매 | 11% | 0% | 32% | 32% | 16% |
| 기타 | 0% | 6% | 0% | 0% | 1% |
| 합계 | 100% | 100% | 100% | 100% | 100% |

주: 무역 형태에서 '기타'는 밀수 등 비공식적이고 불법적인 거래에 관여하는 기업을 의미함.

이러한 경향이 그대로 반영되어 있었다.

위탁가공업체는 43개 사로 무역기업 중 가장 높은 비중(31%)을 차지하였다. 위탁가공품은 의류 임가공이 가장 많았지만 비즈(주로 중동 수출용 의류에 사용), 속눈썹, 가발, 전자제품(트랜스) 등 다양한 종류의 제품이 생산되고 있었다.

마지막으로 도소매업체는 22개 사로 전체의 16%를 차지하였다. 도소매 업체란 의류, 생활용품 등의 품목을 취급하는 소규모 가게를 단둥 현지에서 운영하면서 주로 북한 사람 개인을 대상으로 거래하는 업체를 의미한다. 도소매 거래는 북중 간 보따리상들을 대상으로 하는 소규모 거래가 위주인 듯 보이지만, 실제 다수의 도소매업체는 수출입대리회사를 통해 상당한 물량을 북한 내부의 외화상점과 시장에 공급하고 있어 업체별로 매출 규모의 편차가 큰 편이다.

무역 형태는 민족배경에 따라 다소간의 차이를 보였다. 한족인 경우는 '일반수출입 분야'에 71%로 상대적으로 많은 기업이 분포되어 있었고, 조선족은 '위탁가공 분야'에 47%, 북한화교는 '위탁가공'과 '도소매' 분야에 각각 32%의 기업들이 분포하고 있어, 해당 무역 형태의 비중이 상대적으로 높았다.

## 2) 성과 요인과 전망

### (1) 성과 요인

기업의 성과는 크게 매출액과 이윤율을 통해 측정하였다. 표 3-16에서 보는 바와 같이, 대북사업의 매출액 규모에서 한족은 다른 집단에 비해 압도적인 우세를 보인다. 대북사업 직원[13] 1인당 매출액에서도 한족은 비슷한 규모의 우위를 나타낸다. 이윤율을 비교하면, 북한화교 기업이 가장 높고 한족과 조선족 기업 순으로 조사되었다. 무역기업의 민족별 성과를 결정하는 중요한 요인은 민족별 대북 비즈니스 네트워크의 차이로 설명할 수 있다. 대북 비즈니스 네트워크는 다시 사업 대방, 사업 분야, 시장 연계성의 세 가지 차원으로 나누어 볼 수 있다. 이하에서는 각각의 비즈니스 네트워크 요소가 사업 성과에 어떠한 영향을 미치는지 세부적으로 분석하였다.

**표 3-16** 민족배경별 무역기업 성과

| 구분 | 한족 | 조선족 | 북한화교 | 기타 | 전체 평균 |
|---|---|---|---|---|---|
| 대북사업 매출액(천 달러) | 9,523 | 5,148 | 641 | 1,081 | 5,351 |
| 대북사업 직원 1인당 매출액(천 달러) | 712 | 223 | 201 | 144 | 427 |
| 매출 이윤율(%) | 17 | 15 | 19 | 14 | 17 |

#### ① 사업 대방

앞의 사업 대방 부분에서 이미 설명한 바와 같이, 오랜 기간에 걸친 북한 정권의 '선군정치'의 결과로 군대 소속 기업들의 무역 권한이 매우 큰 것으

---

13 조사에 포함된 중국 기업 중에는 대북사업만 전담하는 기업도 있지만, 대북사업 이외의 사업에서 매출이 발생하는 기업도 존재한다. 대북사업 부서의 인원을 알 수 있는 경우에는 조사된 인원을 대북사업 직원 수로 사용하였고, 정확히 알 수 없는 경우에는 전체매출액과 북한 관련 매출액 비율에 따라 대북사업 직원 수를 추정하였다.

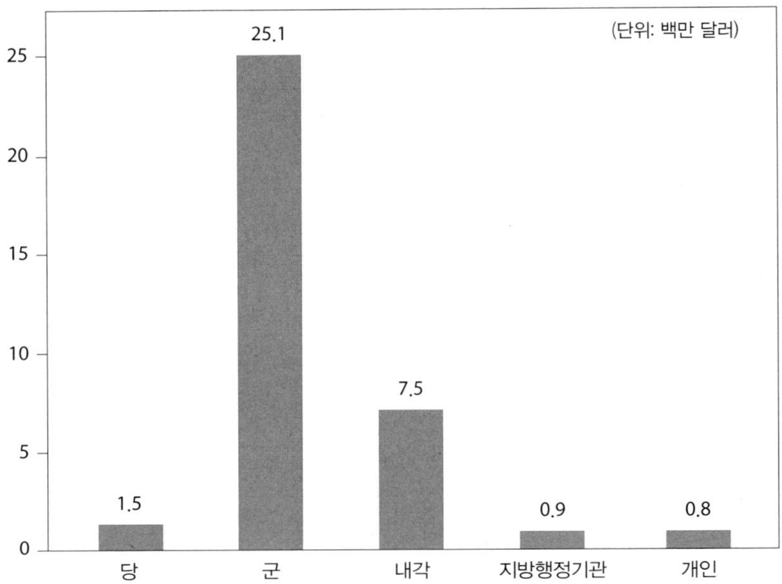


**그림 3-9** 북한 거래 대방의 소속기관별 무역기업의 매출액 평균 비교

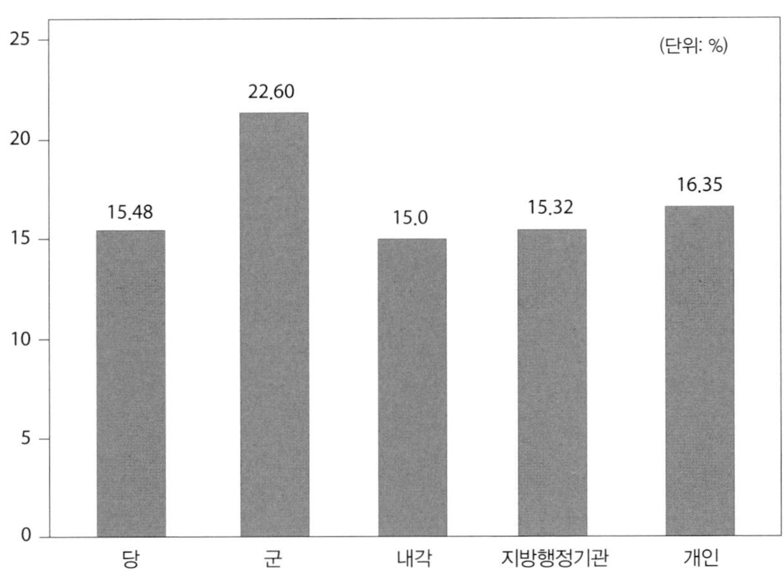


**그림 3-10** 북한 거래 대방의 소속기관별 무역기업의 이윤율 평균 비교

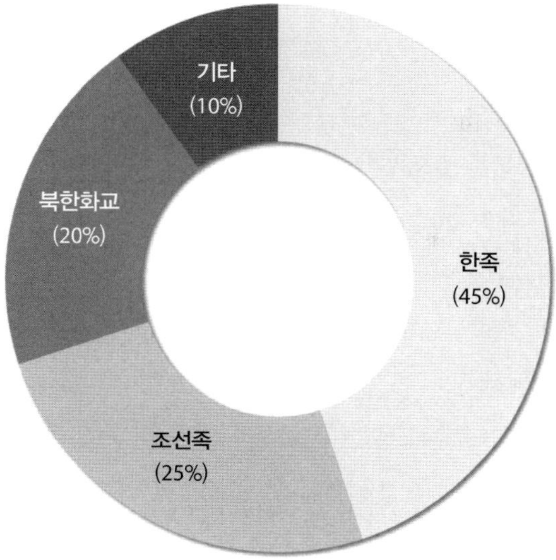


**그림 3-11** 북한 군 소속 기업의 민족배경별 거래기업 비중

로 알려져 있다. 이번 조사에서도 이러한 사실이 잘 드러났다. 그림 3-9와 그림 3-10에서 보는 바와 같이, 중국 기업이 북한 군 소속 기업들과 거래 시의 매출액과 이윤율 평균이 다른 기관 소속 기업과 거래할 때에 비해 매우 높게 조사되었다. 중요한 점은 한족 기업이 막강한 권한을 가진 군 소속 기업들과 거래가 많다는 점이다. 조사 결과 군 소속 기업 20개 중에서 45%가 한족 기업과 거래하는 것으로 나타났다(그림 3-11 참조).

북한 대방의 소속기관과 관련된 기업인 인터뷰 내용을 살펴보면 다음과 같다.

> "다둥항의 한족업체인 B업체는 북한 군부와의 관계를 통해 북한 연해 조업권을 독점적으로 확보하고 있다. B업체 외의 업체가 연근해에서 조업하고자 할 경우 배 1척이 1회당 약 1,500달러를 그 회사에 납부하고, 조선 군부에 선박

번호를 통보해야 조선해역에서 안전하게 조업할 수 있다고 한다."(조선족 수산물가공업체)

"북한은 소규모 금광도 많을뿐더러 사금도 많다. 사금은 일반인 거주 지역에는 너무 많이 헤쳐 놓았고, 군사지역 등 일반인 금지 지역에서는 여전히 경제성 있는 곳이 많다. 이런 곳에 접근하려면 권력이 센 기관을 대방으로 잡아야 하는데 주로 군 소속 회사다. 북한 대방 중 가장 세고 믿을 만한 기업소는 당, 내각, 군 중에서 군 소속 기업들이다. 김정은 들어 내각에 힘을 주고, 군의 특권을 없애는 정책을 펴고 있지만, 내각이 워낙 약하기 때문에 내각에 무슨 정책을 주더라도 군하고 다시 협상하는 것이 지금의 현실이다."(조선족 대북컨설팅업체)

"현재까지 대방은 중앙당 소속인데 시원치 않다. 군대회사 쪽으로 돌려서 약초무역으로 업종을 바꿀 생각이다. 군대회사는 수출허가증이 따로 나오는데, 군대 쪽이 가장 안전하고 좋은 편이다."(조선족 농수산물무역업체)

"국가에서 결정하는 수입 와크가 매년 바뀌는데, 거래기업이 수입 와크를 받지 못하거나 사람이 바뀌면 유지되던 거래관계도 바로 끊어진다. 그나마 군대 쪽 대방이 나은 편이다."(한족 수출입대리업체)

② 사업 분야

앞의 표 3-15에 따르면, 한족 기업은 '일반수출입', 조선족 기업은 '위탁가공', 북한화교 기업은 '위탁가공'과 '도소매' 분야의 비중이 높게 나타난다. 이렇게 민족배경에 따라 사업 분야가 달라지는 이유도 각 민족그룹이 가지고 있는 비즈니스 네트워크가 다르기 때문이다. 우선 한족 기업은 중국과 북한 정부 상층부와의 비즈니스 네트워크가 잘 형성되어 있기 때문에

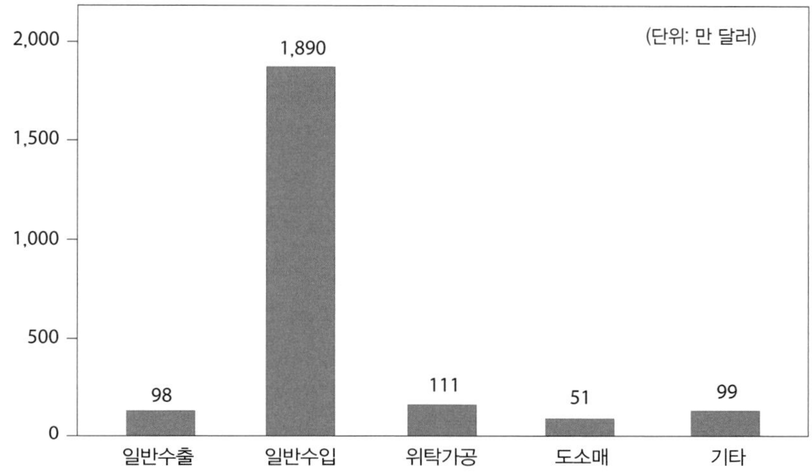


**그림 3-12** 무역 방식별 평균 매출액 비교

상대적으로 큰 규모의 수출입 분야에 진입할 수 있는 것이다. 한족 기업이 북한 군 소속 기업과 거래가 활발하다는 것은 이미 설명한 바 있다. 또한 한족 기업은 중국 중앙 및 지방 정부와의 관계를 이용하여, 중국 정부의 대북원조 등 국가 간 거래 건을 따내는 경우도 많다. 여기에 다른 민족집단에 비해 우수한 자금력도 큰 거래를 성사시키는 데 유리하게 작용한다.

특히 한족 기업은 대북수입 분야에 진입이 많은 편인데, 전체 대북수입업체 34개 중 50%에 해당하는 17개가 한족 업체였다. 그런데 이러한 대북수입업체의 매출액과 이윤율이 다른 무역 방식에 비해 상당히 높다. 그림 3-12에서는 보는 바와 같이, 일반수입업체의 평균 매출액은 1,890만 달러로, 매출액 규모가 다른 무역 방식에 비해 적게는 20배에서 많게는 40배에 이를 정도다. 이윤율 평균도 그림 3-13에서와 같이 다른 업종에서 비해 높은 평균 주변에 분포함을 알 수 있다. 이렇게 일반수입업체가 매출액과 이윤율이 높은 것은, 일반수입을 통해 북한 지하자원과 수산물 등 상대적으로 규모가 큰 무역 거래가 이루어지기 때문이다.

다음은 이와 관련된 기업 인터뷰 내용이다.

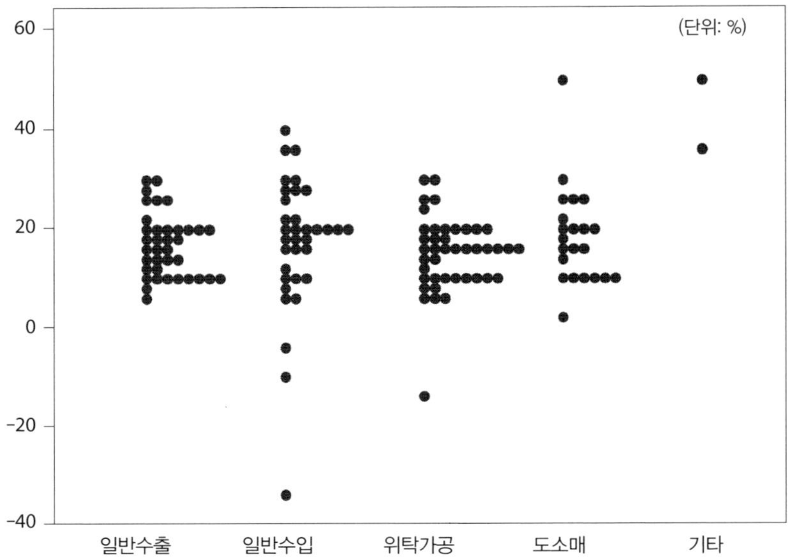


**그림 3-13** 무역 방식별 이윤율 분포 비교

“북한과의 사업에는 자본과 담력이 필요하고, 어떤 대방을 만나느냐가 성패를 좌우한다. 전체 대북거래에서 차지하는 비중을 따져 보면 한족, 북한화교, 조선족, 한국 기업 순이다. 한족 기업의 비중이 가장 큰 이유는 자본력을 가지고 있을 뿐만 아니라 중국 내부, 특히 관과의 관계가 좋기 때문이다. 이에 비해 조선족은 이 둘 모두에서 한족에 비해 열악한 편이다.”(조선족 컴퓨터 수출업체)

“석탄 수업은 오래전부터 해 왔으나 최근 ○○, ○○○ 등 자금력이 있는 한족 기업들로 인해 경쟁이 심해졌다. 요즈음 석탄보다는 갈탄이나 금광석 같은 광물을 수입하고 있다. 북한과의 거래에서 자금력이 없는 회사는 견디기 어렵다. 수익이 큰 반면 위험도 크기 때문에 사업 한두 건의 실패를 견디어 내지 못하면 장기적으로 살아남기 어렵다. 하지만, 자금력이 있고 오래 버티는 회사는 북한 사업에서 대부분 수익을 내고 있다.”(조선족 광물수입업체)

둘째, 조선족 소유의 위탁가공업체가 많은 이유도 비즈니스 네트워크와 관련지어 설명이 가능하다. 조선족은 사업적으로 남한의 의류업체들과 연결되어 이들 기업의 하청물품을 북한에서 생산하는 사례가 많기 때문에 위탁가공업 분야에 진입이 많은 것이다. 조선족 기업인 중에는 과거 대북사업을 위해 중국에 진출한 한국계 회사의 직원이었던 경우가 많다. 특히 5.24 조치 이후 한국계 회사들이 단둥에서 철수하면서 이들 기업의 자리를 조선족 기업이 채우고 있다. 다음은 관련 인터뷰 내용이다.

> "한국 기업에서 일하던 조선족들이 사업 노하우를 습득하여 자신의 기업을 가지고 직접 사업하는 경우가 많다."(단둥 한인회 간부)

> "단둥에 있는 한국계 임가공업체들은 불완전한 정치상황 때문에 대북 투자를 꺼리게 된다. 이에 반해 조선족 기업은 미싱, 장비 등을 비싼 값으로 북한에 넘겨 추가적인 수입을 얻는다. 예를 들어, 40위안짜리 미싱을 80위안으로 북한업체에 주고 완성품 의류를 80위안어치 받는 식이다."(기타 임가공업체)

셋째, 도소매 같은 소규모 거래에서는 북한화교의 역할이 두드러진다. 북한화교 기업은 다른 기업에 비해 북한 내부 유통망이 발달되어 있기 때문이다. 북한화교는 북한에서 출생하고 성장했을 뿐 아니라 친구와 친척이 북한에 거주하고 있기 때문에 북한 내부 시장과의 연결 네트워크가 강력하다. 설문과 인터뷰 모두에서 이 같은 사실이 확인할 수 있었다. 일부 인터뷰에서는 대규모 거래나 투자에서도 북한화교의 역할이 크다는 증언이 있었다. 이와 관련된 인터뷰 내용을 살펴보면 다음과 같다.

> "북한화교 기업 중에 대기업은 없고 생필품을 공급하는 정도이다. 조선족은 중국에서 자랐기 때문에 중국인이다. 하지만 북한화교는 조선에서 자랐기

때문에 조선에 대한 정서를 잘 이해한다. 화교는 가족들이 거기 있기 때문에 믿기가 쉽다."(북한화교 의류 임가공업체)

"현지 대북거래에서는 북한화교가 중심적인 역할을 하고 있다. 북한 사람들이 북한화교를 선호하는 이유는 첫째, 북한과 중국의 실정을 다 잘 알기 때문에 양측 거래를 중개하기가 용이하다는 것이다. 둘째는 북한 내에서 왕래가 자유롭다는 점이다."(기타 의류 도소매업체)

"북한화교들은 특히 북한에서 사업을 가장 잘하고 있는 그룹이다. 조선족과도 비교할 수 없는 규모이다. 단둥에서 북한과 사업하는 화교만도 1천 명이 넘을 것이다. 생필품 무역은 주로 화교들이 장악하고 있다. 북한 내 대방이 친인척들이기 때문에 안전하고, 북한에서 보기에도 중국에 있는 대방 역시 친인척이기 때문에 믿고 거래하기 때문이다."(기타 농수산물 도소매업체)

"15년간 거래한 경험으로 볼 때 북한이 거래하는 주요 집단은 한족과 북한화교이다. 한족이 차지하는 비중이 60-70%이고, 화교가 차지하는 비중이 30% 정도 될 것이다."(기타 생활용품 도소매업체)

### ③ 시장 연계성

그림 3-14는 2009년부터 2011년까지 3년 동안 각 민족배경별 대북무역액 추이를 보여 준다. 2010년을 기점으로 한족 기업의 매출규모가 급격히 증가하는 데 반해, 한국계 기업이 대부분인 기타 기업군의 매출규모는 축소되는 경향을 보인다.

민족배경별 사업 성과의 차이는 무역 이윤율 변화에서도 유사하게 드러난다. 한족 기업에서 수익률이 '증가'했다는 응답이 높은 데 반해, 조선족 기업과 기타 기업에서는 '감소'했다는 응답이 높게 조사되었다(표 3-17

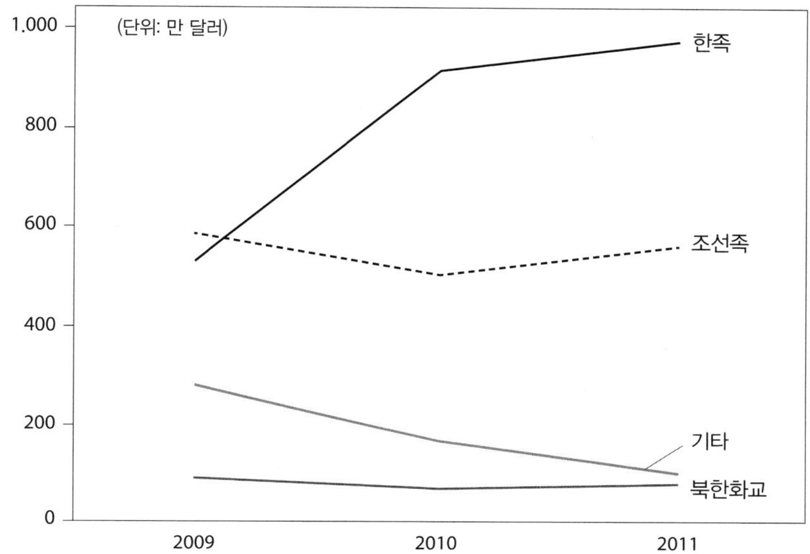


**그림 3-14** 민족배경별 최근 대북무역액 추이

**표 3-17** 민족배경별 무역기업의 최근 2-3년간 이윤율 변화

| 구분 | 한족 | 조선족 | 북한화교 | 기타 | 전체 평균 |
|---|---|---|---|---|---|
| 증가 | 45% | 41% | 27% | 12% | 36% |
| 감소 | 20% | 37% | 7% | 59% | 26% |
| 변화 없음 | 35% | 22% | 66% | 29% | 38% |
| 합계 | 100% | 100% | 100% | 100% | 100% |

참조).

민족배경별 매출액과 수익률이 차이가 나는 이유 중 하나로서, 기업주의 국적과 민족배경에 따라 북한과의 거래에서 연결되는 시장이 달라질 가능성을 들 수 있다. 이 연구에서는 이를 '시장 연계성'으로 정의하고, 개별 무역기업들이 대북거래에서 취급하는 제품의 원산지와 소비지를 통해 이를 조사하였다. 즉, 북한으로 상품을 수출하는 기업의 경우에는 수출되

는 상품의 원산지를 설문하고, 북한에서 생산된 상품을 수입하여 중국, 남한, 제3국 등에서 재판매하는 기업의 경우에는 수입한 북한 상품의 최종 소비지를 질문한 것이다. 예를 들면, 북한산 물품을 중국 시장에 팔거나, 반대로 중국산 제품을 북한 시장에 판매하는 기업은 중국 시장과 연계성이 큰 기업으로 분류하고, 북한산 제품을 먼저 중국으로 수입한 후 남한으로 재수출하거나, 반대로 한국산 제품을 중국으로 수입하여 북한으로 재수출하는 기업은 남한 시장과의 연계성이 큰 기업으로 분류한 것이다. 이는 대북 수출입 제품의 원산지와 최종소비지를 통해 대북거래 중국 기업들이 북중 간 일반무역을 주 사업으로 하는지, 북한과 제3국(주로 남한)과의 중계무역을 주 사업으로 하는지를 파악하는 것이다. 이에 대한 설문 결과는 표 3-18과 같다. 2009년부터 2011년까지 3년 동안 매출액이 증가한 한족과 북한화교 기업군은 주로 중국 시장과의 연계성이 강한 반면, 조선족 기업과 한국계가 다수인 기타 기업 등 매출액이 축소·정체된 기업군은 남한 시장과의 연계성이 크다는 사실을 알 수 있다.

**표 3-18** 민족배경별 무역기업 제품의 원산지와 소비지

| 구분 | 한족 | 조선족 | 북한화교 | 기타 | 전체 평균 |
|---|---|---|---|---|---|
| 중국 | 77% | 44% | 78% | 5% | 59% |
| 남한 | 21% | 44% | 19% | 69% | 33% |
| 기타 | 2% | 12% | 3% | 26% | 8% |
| 합계 | 100% | 100% | 100% | 100% | 100% |

**표 3-19** 무역 형태별 무역기업 제품의 원산지와 소비지

| 구분 | 일반수출 | 일반수입 | 위탁가공 | 도소매 | 기타 | 전체 평균 |
|---|---|---|---|---|---|---|
| 중국 | 86% | 68% | 28% | 64% | 50% | 59% |
| 남한 | 14% | 29% | 49% | 36% | 50% | 33% |
| 기타 | 0% | 3% | 23% | 0% | 0% | 8% |
| 합계 | 100% | 100% | 100% | 100% | 100% | 100% |

표 3-19는 시장 연계성을 무역 형태의 차원에서 분석한 것이다. 이 표에 따르면 위탁가공무역을 제외한 대부분의 무역 형태에서 중국이 대북 수출품의 공급자이자 대북 수입품의 소비지(消費地) 역할을 하고 있음을 알 수 있다. 그러나 위탁가공무역의 경우 남한 정부의 강력한 경제제재에도 불구하고, 49%의 중국 기업이 남한을 최종 소비지로 답해 남한이 여전히 북한 제품의 중요한 수요시장이 되고 있음을 알 수 있다.

시장 연계성이 기업 성과에 미치는 영향을 보다 구체적으로 설명하면 다음과 같다. 조선족이나 한국계 위탁가공업체들은 주로 남한 기업으로부터 의류 생산 주문을 받아서 북한에서 생산함으로써 수익을 얻는 사업 구조였다. 그러나 5.24 조치 이후 북한에서 생산된 제품을 남한으로 수입하는 것이 금지됨에 따라 주요 시장을 상당 부분 잃게 된다. 이러한 형편은 단둥을 경유하여 북한 농수산물을 남한에 수출하던 무역업자들도 마찬가지이다. 그와 반대로 한족 기업과 북한화교 기업은 남한 시장과의 연계성이 약한 반면 북한과 중국 내부 시장과의 연계가 강하기 때문에 남한의 제재로 인한 북중 교역 증가는 오히려 이들 기업에게 기회요인으로 작용한 것이다. 다음은 관련 인터뷰 내용이다.

"북한 투자의 인센티브가 점점 사라지고 있다. 북한은 공임에다 플러스 알파로 들어가는 비용이 너무 많다. 5.24 조치 이전에도 북한 생산은 중국 생산에 비해 관세상 8%의 차이가 있었는데, 이것만 가지고 투자하기에는 인센티브가 너무 작다."(기타 임가공 공장 투자업체)

"지금은 북한에 들어가는 의류 생산 오더는 남한 쪽보다 유럽 쪽 오더가 더 많다."(조선족 의류임가공업체)

"북한도 공산품이 필요한데 지금은 다 중국산이 들어가고 있는 형국이다.

예전에는 남한 상품이 북한에 들어가려면 상표 표시 전체를 지워야 했다. 그러던 것이 이전 정부 때 와서는 다른 부분은 다 그냥 두고 상표에서 'Made in Korea'만 지워도 아무 문제없이 들어갔다. 그때는 장마당에서 예를 들어 중국산이 10원이면, 남한산은 15원에 팔렸다. 전자제품, 기계, 신발, 옷, 식료품까지 막대한 양의 남한 제품이 북한에 들어갔다. 하지만 지금 남한 물건이 일체 못 들어가고 있다. 현재 남한만 막는 게 아니라 북한도 남한 물건을 막고 있다. 심지어 중국에서 생산된 LG, 삼성의 전자제품도 못 들어간다. 북한의 수요품들은 과거에는 식료품 위주였지만 지금은 오히려 고급 소비재가 많다. 냉장고, 자동차, 텔레비전 등 이런 수요도 많은데, 지금은 모두 중국산이 들어가고 있다."(기타 도소매업체)

"한국 덤핑 물건의 대북수출은 초기에 아주 사업이 잘되었다. 한국산은 질이 좋으면서, 중국산에 비해서도 가격경쟁력을 가졌기 때문이다. 지금은 한국 물품을 공식적으로 북한에 수출할 수 없다. 중국으로 공식 수입하여 중국산으로 변경한 후에 북한에 수출해야 한다. 관세뿐만이 아니라 수출입 통관 과정에서도 비용이 많이 발생한다. 덤핑 물건은 원래 여러 종류가 섞여 있기 때문에 물량이 많은 한두 가지로 세관에 신고하는데, 이것이 검사 과정에서 문제가 되어 벌금을 내는 경우가 많다. 지금은 너무 어려운 상황이다."(기타 도소매업체)

"5.24 조치 이후 한족 기업들의 수익률이 더 늘었다. 남북 직교역이 막혔기 때문에 북한 수산물은 중국을 통해 남한으로 나갈 수밖에 없다. 일본 수출량도 남한보다 훨씬 많다."(기타 수산물 수입업체)

"단둥에 나와 있는 남한 기업들은 정말 어려운 상황이다. 봉제, 경공업, 광산업, 농수산에 대해 지난 10년간 선투자하고 이제 막 회수하려고 하는데, 5.24 조치로 회수가 불가능한 상태이다. 임가공 분야에서는 북한과 같이 가격경쟁력이 있는 나라가 없다. 현재와 같은 상황이면 중국 기업은 되고, 남한 기업이면 안 되는 상황이 계속되고 있는 것이다."(기타 임가공업체)

### (2) 성과 전망

기업들에게 향후 장·단기 이윤 전망에 대해서 설문조사한 결과는 다음과 같이 정리할 수 있다. 첫째, 북한의 불확실한 사업 환경으로 인해 중국 기업은 장기(3년) 이윤 예상에 대해 '모르겠다'라는 응답이 단기(1년)에 비해 2배나 높은 53%로 조사되었다. 둘째, 민족배경별로 다른 응답 패턴을 보인다는 것이다. 우선 현재 성과가 좋은 한족과 북한화교 기업군은 단기 이윤 예상에 대해서는 긍정적인 응답이 많은 반면, 장기 이윤에 대해서는 '모르겠다'라는 응답이 많았다. 남한의 제재로 인한 북중 경협의 확대 추세가 지속될 수 있을지 여부에 대한 불확실성 때문에 '모르겠다'라는 응답이 가장 많은 것으로 보인다. 반면 조선족 기업은 단기 전망에 대해서는 부정적 응답이 많은 반면, 장기 이윤 전망에 대해서는 오히려 긍정적 응답 비중이 높았다. 이는 조선족 기업의 경우 향후 남한의 제재가 오래가지 않을 것이라는 기대가 일정 부분 반영된 결과로 보인다.

**표 3-20** 민족배경별 무역기업의 장·단기 이윤 예상

| 구분 | | 한족 | 조선족 | 북한화교 | 기타 | 평균 |
|---|---|---|---|---|---|---|
| 1년 이윤 예상 | 긍정적 | 43% | 41% | 60% | 48% | 47% |
| | 부정적 | 34% | 53% | 7% | 26% | 31% |
| | 모름 | 23% | 6% | 33% | 26% | 22% |
| | 소계 | 100% | 100% | 100% | 100% | 100% |
| 3년 이윤 예상 | 긍정적 | 30% | 50% | 37% | 37% | 37% |
| | 부정적 | 6% | 19% | 0% | 26% | 10% |
| | 모름 | 64% | 31% | 63% | 37% | 53% |
| | 소계 | 100% | 100% | 100% | 100% | 100% |

### 3) 대금 결제

중국 기업의 대북거래 대금 결제는 주로 '현금 결제' 방식으로 '거래와 동시에' 이루어지는 것으로 조사되어, 북중 거래의 낙후성과 낮은 신뢰 수준을 보여 주었다. 대금 결제는 민족배경보다는 거래 형태에 따라 좌우되는 경향이 강하므로 이하에서는 거래 형태에 따른 대금 결제 관련 설문 결과를 분석하겠다.

#### (1) 결제 방식

대금 결제 방식에 대한 설문 결과는 표 3-21과 같다. 모든 무역 형태에 있어 '현금 결제'가 가장 주요한 결제 방식으로 조사되었다. 특히 일반수출이나 도소매와 같이 상품을 북한에 공급하고 대금을 받는 경우에 '현금 결제'의 비중이 높았다. 일반수출업체의 70%와 도소매업체의 86%가 가장 중요한 결제 방식으로 '현금 결제'를 꼽았다.

일반수입과 위탁가공인 경우는 '현금과 현물 혼합 결제'가 '현금 결제' 다음으로 주요한 결제 방식이었다. '일반수입'의 주요 취급 품목은 광물과 수산물이고 '위탁가공'은 의류이다. 따라서 이들의 생산을 위해서는 일정한 설비, 자재 등이 북한에 우선 공급되어야 한다는 점을 감안하면, 일반수입과 위탁가공 거래에서 '현금과 현물 혼합 결제'가 주된 결제 방식으로

**표 3-21** 무역 형태별 대금 결제 방식

| 구분 | 일반수출 | 일반수입 | 위탁가공 | 도소매 | 평균 |
|---|---|---|---|---|---|
| 은행 결제 | 16% | 27% | 14% | 0% | 15% |
| 현금 결제 | 70% | 38% | 51% | 86% | 59% |
| 현물 결제 | 3% | 6% | 5% | 0% | 4% |
| 현금과 현물 혼합 결제 | 11% | 29% | 30% | 14% | 22% |
| 합계 | 100% | 100% | 100% | 100% | 100% |

이용되는 상황을 쉽게 이해할 수 있다.

'은행 결제' 방식은 전체의 15%를 차지하였다. 여기서 주목할 부분은 북중 기업 간 은행 결제는 신용장 등 통상적인 국제무역 결제 방식과는 다르다는 점이다. 대북 '은행 결제' 방식은 다음의 두 가지로 구분할 수 있다. 첫째는 송금환(T/T)으로 북한이 지정한 해외계좌로 송금하는 것이다. 이 경우 해외계좌는 대부분 홍콩, 마카오, 싱가포르 등지에 있는 것으로 알려져 있다. 그러나 마카오 방코델타아시아(BDA) 은행 사태와 일련의 북핵 제재 조치를 거치면서 송금환 방식에서 은행 거래 비중은 많이 감소한 것으로 보인다. 둘째는 단둥에 연락사무소가 있는 북한 광선은행을 이용하는 것이다. 그러나 이러한 무역 대금 결제가 북중 은행 간 지급 결제 형태로 이루어지는 여부는 불투명하다.[14] 오히려 은행 간 결제가 아니라 개인 계좌를 이용한 일종의 '환치기' 형태를 취하고 있는 것으로 보인다. 즉, 중국 기업은 광선은행 지점을 통해 실제 북한으로 송금하는 것이 아니라 중국 내 개인 계좌(또는 기업 계좌)로 입금하며, 북한 내 실제 결제는 다시 중개인 개인을 통해 이루어지는 것으로 보인다. 이 과정에서 광선은행은 단순히 중국 현지 계좌의 중간 관리자 정도의 역할만 하는 것으로 보인다. 그러나 광선은행은 무역대금 송금 과정에서 상당한 수수료를 요구하고, 환차익도 얻고 있는 것으로 보인다. 다음은 은행 결제 관련 인터뷰 내용이다.

"광선은행도 외환장사를 하고 있다. 북한 대방은 분명 유로로 결제했다고

---

14 국내 언론보도에 의하면, 북중 은행 간 송금을 통한 무역대금 결제제도는 1992년에 만들어졌지만, 실제로는 거의 이용되지 못하는 것으로 알려져 있다. 국경무역에 대해서는 '상호국경무역 은행결제협정'(2003. 9)을 북중 간에 체결하여 은행을 통한 수출입대금 결제를 정비한 바 있다. 2008년 중국 인민은행은 '변경무역결산관리 잠정규정'을 통해 북한 무역회사의 위안화 무역전용계좌 개설, 송금결제 등을 허용했다는 보도가 있었다. 「중, 대외신뢰도 높이려 위안화 북 송금 허용」, 『연합뉴스』(2008. 3. 6).

하는데, 이 은행에서 무역대금을 찾으려면 위안화로만 내어준다. 중간에서 환차익을 보는 것이다.”(한족 수출입대리회사)

“현재 조선 세관에서는 300달러 이상은 못 가지고 나오기 때문에, 광선은행에 송금 받는 방식으로 거래한다. 하지만 이 은행의 수수료는 매우 높다.”(한족 무역회사)

### (2) 결제 시기

대금 결제 시기에 대한 설문조사 결과의 가장 중요한 특징은 ‘거래와 동시’에 이루어진다는 응답이 40%나 된다는 것이다. 이는 북중 간 거래의 낮은 신뢰 수준을 뚜렷하게 보여 준다고 할 수 있다. 또 다른 특징은 대체로 중국 기업이 북한으로부터 거래 대금을 받아야 하는 경우가 대금을 주어야 하는 경우보다 결제 시기가 더 빠르다는 점이다. 중국 기업이 거래 대금을 받아야 하는 ‘일반수출’과 ‘도소매’인 경우 ‘거래이전’이나 ‘거래와 동시’라는 응답 비중이 매우 높았다. 반면, 중국 기업이 대금을 주어야 하는 ‘일반수입’과 ‘위탁가공’의 경우에는 ‘거래 후 30일’이란 응답이 가장 높게 조사되었다.

결제 시기와 관련된 인터뷰 내용을 살펴보면 다음과 같다.

**표 3-22** 무역 형태별 대금 결제 시기

| 대금 결제 시기 | 일반수출 | 일반수입 | 위탁가공 | 도소매 | 평균 |
|---|---|---|---|---|---|
| 거래 이전 | 19% | 24% | 2% | 18% | 14% |
| 거래와 동시 | 62% | 32% | 9% | 73% | 40% |
| 거래 후 10일 | 8% | 3% | 14% | 0% | 7% |
| 거래 후 30일 | 11% | 38% | 68% | 9% | 36% |
| 거래 후 30일 이상 | 0% | 3% | 7% | 0% | 3% |
| 합계 | 100% | 100% | 100% | 100% | 100% |

"외상 거래로 한다면 매출을 좀 더 늘릴 수 있지만, 매우 위험하기 때문에 현금 결제로만 거래하고 있다. 서로 물물교환 방식으로 무역하는 기업이 있는데, 작년에 비료가 1억 달러가량 들어가고 석탄으로 받기로 했는데, 아직까지 받지 못한 업체도 있다. 북한은 신용이 없기 때문에 광산에 대규모로 투자하지 말고, 그때그때 현금 결제가 가능한 무역만 하는 것이 좋다."(한족 무역회사)

"앞으로 선금을 주는 일은 절대 하지 않을 것이다. 북한은 물건을 확인하고 돈을 주어야 한다."(조선족 농수산물 수입업체)

"과거에는 돈을 선지급하고 물건을 받았지만, 지금은 철저히 물건 인수와 동시에 대금을 지급한다."(북한화교 농산물 수입업체)

## 4. 투자기업 설문 결과 분석

### 1) 기업 분류

투자기업은 투자 형태에 따라 합영, 합작, 설비제공형 투자, 북한인력 수입 등 네 가지로 분류하였다(표 3-24 참조). 조사에서는 북한 외국인투자법 등에 명시된 공식 투자 형태[15]인 합영 및 합작에 의한 투자는 14개 사로 전체의 26%에 불과하였다. 이에 반해 비공식적인 투자 방식이라 할 수 있는

15 외국인투자법에 따르면 공식 외국 투자 형태는 합작기업, 합영기업, 외국인기업이다. '합작기업'이란 북한 측 투자자와 외국 측 투자자가 공동으로 투자하고, 북한 측이 운영하며 계약조건에 따라 상대 측의 투자지분을 상환하거나 이윤을 분배하는 기업을 말한다. '합영기업'이란 북한 측 투자자와 외국 측 투자자가 공동으로 투자하고 공동으로 운영하며 투자지분에 따라 이윤을 분배하는 기업을 말한다. '외국인기업'이란 외국투자자가 단독으로 투자하여 경영하는 기업을 말하는데, 경제특구에 한정되어 허가된다.

'설비제공형 투자'는 30개 사(56%)로 공식 투자 표본 수의 2배에 달하였다. '설비제공형 투자'란 일종의 연불수출[16] 방식으로 북한에 생산설비 등을 팔고, 북한에서 생산된 의류, 광물 등으로 설비투자비를 상계하는 방식이다. 공식적인 투자가 현지법인으로 투자지분율에 의한 이익을 분배하는 방식인 반면, 설비제공형 투자는 생산설비, 원·부자재 및 기술 지도를 제공한 후 생산품으로 반입하여 설비투자비를 회수하는 형식이기 때문에, 엄밀히 의미에서는 무역의 범주에 포함될 수도 있다.

그러나 본 조사에서는 이러한 거래 형태가 대북투자 사례에서 다수를 차지하고 있기 때문에 이를 순수 무역기업과 구분하기 위해 투자기업으로 분류하여 조사하였다. '설비제공형 투자'는 투자자 입장에서는 본격적인 투자진출의 전 단계로, 비교적 단기간에 설비투자비를 회수할 수 있어 투자 위험을 줄일 수 있고, 북한 입장에서도 설비를 획득하여 공장 또는 광산 가동률을 높일 수 있다는 장점이 있다. 따라서 이러한 투자 방식은 북중경협뿐만 아니라, 이전 남북경협에서도 널리 행해졌다. 표 3-23은 중소기업진흥공단의 『중소기업 남북경협 실무 100문 100답』에서 정리한 기업들이 '설비제공형 투자'를 선호하는 이유이다.

중국 기업의 설비제공형 투자와 관련된 인터뷰 내용은 다음과 같다.

**표 3-23** 설비제공형 투자를 선호하는 이유

| 해외투자자 입장 | 북한 입장 |
|---|---|
| • 양질의 저렴한 노동력 활용<br>• 직접투자에 비해 낮은 위험도<br>• 대북시장 선점<br>• 북한의 노무관리체계와 무관 | • 통제 및 외화 획득이 용이<br>• 고급 기술 습득 가능<br>• 공장/광산 가동률 제고 |

자료: 중소기업진흥공단(2006)을 참고하여 수정.

16 수출대금의 지불을 일정 기간 연기해 주는 결제조건을 인정하는 수출 방식을 말한다.

"현재 북한과는 사업을 아직 합작 방식으로 추진할 수준이 아니다. 북한의 현 수준에서 합작사업은 위험이 크고 합작할 만한 회사도 없다. 북한에서 합작이라 함은 땅을 내놓는 것이 전부이며, 경영에도 참여할 수도 없고 마음대로 방문할 수도 없다. 따라서 현재 사업 방식은 공장 설비 납품 후(설비 납품 계약 후), 북측이 공장을 운영하여 이익금이 발생하면 장기간에 걸쳐 회수하는 방식으로 투자하고 있다."(조선족 레미콘공장 투자업체)

"다둥항의 한족업체인 B업체인 경우 조개씨, 석유, 양식장 관리 비용, 냉동설비, 배, 생필품 구입비 등 1년에 천만 달러 정도 선투자하고 양식장 생산물로 투자비용을 회수하는 방식으로 투자한다. 투자 수익률은 50% 이상이다. 투자 위험은 크지만 잘 되면 1, 2년 내에 투자금 회수가 가능하다."(기타 수산물가공업체)

"북한은 실 하나, 바늘 하나 이런 것 하나까지 다 보내줘야 한다. 하다못해 매직, 마대까지 필요 물자를 모두 보내줘야 물건이 생산된다. 조선에는 아무것도 없다고 봐도 된다."(조선족 임가공업체)

"원래 북한에서 30% 이상 품위이면 금광은 해외수출이 안 된다. 정광이 19-22% 품위일 때만 나갈 수 있는데, 이 경우는 운송비 때문에 이윤을 남길 수 없다. 합영과 같은 공식적인 방식으로는 안 되고, 투자 상환 방식으로는 가지고 나올 수 있다. 지린성의 모 기업은 북한 광산에 2천만 위안을 투자하고 정광으로 받는 방식으로 투자하였는데 투자금을 1년 만에 회수하였다."(조선족 대북투자 컨설팅업체)

"북한에서 광물을 수입할 때는 여러 방식으로 진행한다. 북한 대방의 상황에 따라서 직접 구매하는 경우도 있고, 설비를 투자하고 회수하는 방식으로

**표 3-24** 민족배경별 투자 방식 분포

| 구분 | 한족 | 조선족 | 북한화교 | 기타 | 평균 |
|---|---|---|---|---|---|
| 합영 | 12% | 25% | 11% | 0% | 13% |
| 합작 | 12% | 17% | 11% | 13% | 13% |
| 설비제공형 투자 | 48% | 58% | 78% | 50% | 56% |
| 북한 인력 수입 | 28% | 0% | 0% | 37% | 18% |
| 합계 | 100% | 100% | 100% | 100% | 100% |

하는 경우도 있다."(한족 광물수입업체)

본 조사에서는 북한 인력을 단둥으로 수입한 기업들도 투자기업 범주에 포함시켰다. 북한인력수입회사의 표본 수는 10개 사로, 북한 인력의 평균 고용 규모는 232명이었다. 이들 기업의 주요 사업 분야는 의류생산, 식품(수산물)가공업, 소프트웨어 개발 등이었다.

표 3-24와 같이 민족배경에 따라 투자 방식에서 큰 차이는 없었다. 모든 민족 집단에 있어 공식 투자보다는 '설비제공형 투자'가 높은 비중을 차지하였다. 단, '북한 인력 수입'에서는 한족 기업의 비중이 높게 나왔다. 이는 앞서 설명한 것처럼 한족이 북한과 중국 정부기관 상층부와의 비즈니스 네트워크가 좋기 때문인 것으로 파악된다.

## 2) 성과 요인과 전망

### (1) 성과 요인

민족배경별 투자기업의 투자액과 투자수익률을 비교하면 표 3-25와 같다. 투자액은 한족 기업이 많은 반면, 투자수익률[17]은 북한화교 기업이 높

17 설문에서는 연평균 수익률을 물었으며, '투자수익률=(순이익/총투자액)×100'으로 계

**표 3-25** 민족배경별 투자기업의 투자액과 수익률

| 구분 | 한족 | 조선족 | 북한화교 | 기타 | 평균 |
|---|---|---|---|---|---|
| 투자액(천 달러) | 1,916 | 1,659 | 372 | 1,371 | 1,524 |
| 투자 수익률(%) | 19 | 3 | 22 | 16 | 15 |

**표 3-26** 민족배경별 투자기업의 최근 2-3년간 수익률 변화

| 구분 | 한족 | 조선족 | 북한화교 | 기타 | 평균 |
|---|---|---|---|---|---|
| 증가 | 32% | 9% | 22% | 17% | 24% |
| 감소 | 16% | 36% | 0% | 50% | 21% |
| 변화 없음 | 52% | 55% | 78% | 33% | 55% |
| 합계 | 100% | 100% | 100% | 100% | 100% |

게 조사되었다. 무역기업의 매출액과 무역 이윤율에서 나타난 것과 유사한 패턴이다. 투자기업의 최근 투자수익률의 변화 추이도 무역기업의 이윤율 변화 추이와 비슷한데, 한족 기업의 수익률 증가는 큰 반면, 조선족과 한국 기업이 다수 포함된 기타 기업의 수익률은 감소세를 보였다(표 3-26 참조).

이렇게 투자기업의 민족배경별 성과 패턴이 무역기업과 유사하게 나오는 이유는 성과를 결정하는 주요 요인이 '민족 간 비즈니스 네트워크 차이'로 유사하기 때문이다. 그림 3-15에서 보는 바와 같이, 투자기업 중 북한 거래 대방이 군 소속 기업인 경우가 가장 높은 투자수익률을 나타냈다. 투자기업에서도 북한의 거래 대방이 누구인지가 사업 성과에 중요한 영향을 미치는 것이다.

한족 기업은 투자 방식에서도 고수익을 올릴 수 있는 분야에 집중되어

---

산하였다.

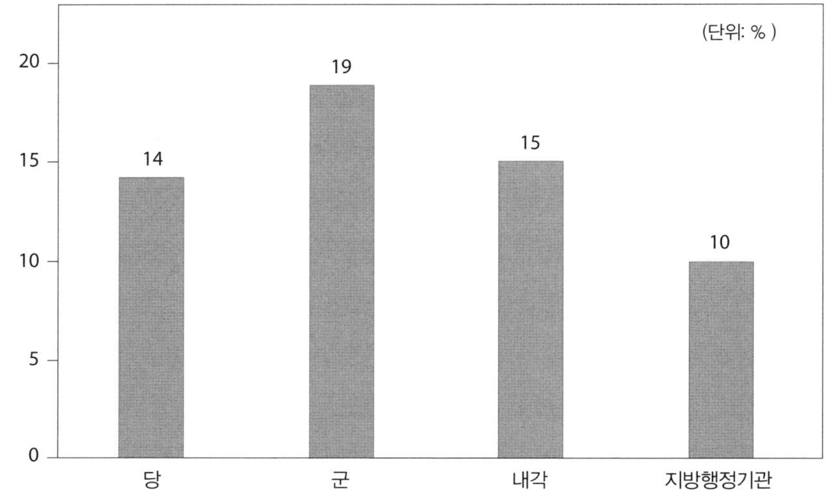


**그림 3-15** 북한 거래 대방의 소속기관별 투자기업의 수익률 평균 비교

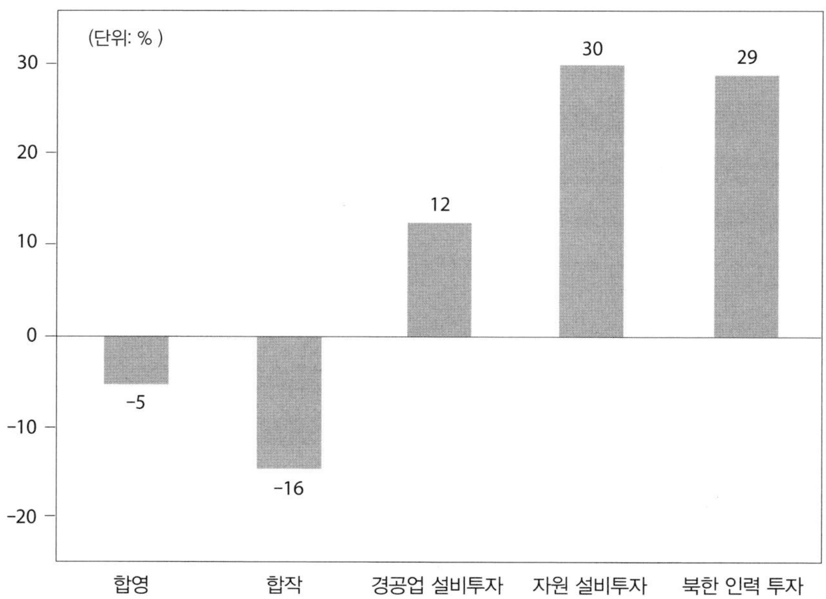


**그림 3-16** 투자 방식별 평균 투자 수익률 비교

있었다. 투자수익률은 투자 방식에 따라 상당한 편차를 보이는데 합영, 합작 등 공식 투자기업의 성과는 매우 저조하게 나타났다. 이에 반해 설비제공형 투자 방식인 '경공업 설비투자'와 '지하자원 설비투자'의 수익률은 매우 높게 조사되었고, 특히 지하자원 설비를 선투자하고 광물로 받는 '지하자원 설비투자' 방식의 투자액 대비 수익률은 30%나 되었다. 그 다음으로 수익률이 높은 투자 방식은 '북한 인력 수입'으로 29%의 수익률 올린 것으로 조사되었다. 그런데 이 두 가지 투자 방식 모두 한족 투자기업들이 집중되어 있다. 지하자원 설비투자기업 18곳 중 55%(10곳)와 북한인력수입회사 10곳 중 70%(7곳)가 한족 기업이었다. 이는 북한에서 지하자원이나 인력을 수입하기 위해서는 일정 규모 이상의 자금력과 북한 및 중국 정부와의 긴밀한 관계를 필요로 한다는 점에서 한족 기업의 진출이 상대적으로 유리한 것으로 분석된다.

인력 수입과 관련된 인터뷰 내용은 다음과 같다.

"우리 공장 근로자는 북한 평양의 공장 ○○근로자를 뽑아 온 것이다. 야근 등을 시킬 수 있기 때문에, 그리고 중국 근로자보다 기술이 좋아 유리하다. 1인당 한 달에 2천 위안쯤 들어간다."(한족 인력수입회사)

"요녕성 정부와 관계가 좋은 사람들은 북한 인력을 수입해서 생산하는 경우도 많다. 북한 인건비는 1,500위안 수준으로 여전히 낮다."(조선족 대북물류회사)

### (2) 성과 전망

투자기업의 장·단기 수익률 예상은 민족배경과 관계없이 단기(1년) 예상은 긍정적 응답이, 장기(3년) 예상은 '모른다'는 응답이 가장 많았다(표 3-27 참조). 이는 투자기업의 절반이 넘는 55%가 '설비제공형' 투자기업으

**표 3-27** 민족배경별 투자기업의 장·단기 수익률 예상

| 구분 | | 한족 | 조선족 | 북한화교 | 기타 | 평균 |
|---|---|---|---|---|---|---|
| 단기 (1년) 예상 | 긍정적 | 64% | 55% | 33% | 50% | 55% |
| | 부정적 | 16% | 36% | 0% | 0% | 16% |
| | 모름 | 20% | 9% | 67% | 50% | 29% |
| | 소계 | 100% | 100% | 100% | 100% | 100% |
| 장기 (3년) 예상 | 긍정적 | 29% | 30% | 22% | 75% | 32% |
| | 부정적 | 4% | 30% | 0% | 0% | 9% |
| | 모름 | 67% | 40% | 78% | 25% | 59% |
| | 소계 | 100% | 100% | 100% | 100% | 100% |

로, 사실상 무역기업적인 성격이 강해서 장기적 사업보다는 단기적 거래에 집중하기 때문으로 보인다.

### 3) 투자자금 조달 방법과 투자지역

#### (1) 투자자금 조달 방법

대북투자기업의 자금 조달은 '자체조달'이 많은 것으로 조사되었다. 대북사업의 위험성으로 인해 '은행융자'를 통한 자금 마련이 어렵기 때문이다. 그나마 한족 기업인 경우 '은행융자' 비율이 36%로 다른 민족그룹에 비해 높게 나타났다. 그러나 기업인들의 인터뷰 내용에서는 '은행융자'인 경우도 대북사업의 명목이 아닌, 중국 내의 다른 사업으로 받은 융자금을 대북사업으로 돌려서 사용하는 경우가 대부분이었다. 실제 대북사업 프로젝트를 가지고 은행을 통해 공식적인 자금을 조달하는 것은 극히 어려운 것으로 보인다.

이와 관련한 인터뷰 내용은 다음과 같다.

**표 3-28** 민족배경별 투자기업의 자금 조달 방식

| 구분 | 한족 | 조선족 | 북한화교 | 기타 | 평균 |
|---|---|---|---|---|---|
| 자체조달 | 56% | 58% | 22% | 75% | 54% |
| 은행융자 | 36% | 17% | 22% | 25% | 28% |
| 가족, 친척 및 친구 | 8% | 25% | 56% | 0% | 19% |
| 합계 | 100% | 100% | 100% | 100% | 100% |

"북한에 투자한 자금 조달은 친인척에서 융통한 것, 그리고 현지에서 하는 사업을 근거로 은행에서 융자 받는 것이 많은 비중을 차지하였다."(한족 대북광산투자업체)

"한족 ○○집단은 높은 수출 실적과 정부와의 관계를 이용하여 정부로부터 수출금융을 지원받아 대북투자사업을 시작하였다. 북한과의 사업은 높은 위험성으로 인해 통상적으로 대출을 받기가 쉽지 않다. 실제 이 회사가 북한에서 무연탄을 대량으로 구입하여 이를 산둥성 항구나 단둥항에 산적해 놓고 석탄 단가가 높을 때 판매하는데, 이렇게 할 수 있는 이유는 이 회사의 자금력이 좋기 때문이다."(한족 수산물 수출입업체)

### (2) 투자지역

투자지역은 평양이 38%로 가장 많은 비중을 차지하고 단둥과 인접한 평안북도(신의주 포함)가 그 뒤를 이었다(그림 3-17 참조). 이처럼 평양과 평안북도가 투자지역으로 선호되는 이유는 이들 지역이 도로와 기차로 단둥과 직접 연결되는 교통망이 잘 발달되어 있기 때문이다. 투자지역을 업종별로 세분하여 살펴보면 지역적 특징이 보다 명확하게 드러난다. 표 3-29에서 보는 바와 같이, '의류 · 신발 업종'에 투자한 기업은 평양과 신의주에 집중되어 있고, 광물에 대한 투자지역의 범위는 상대적으로 넓게 분포되

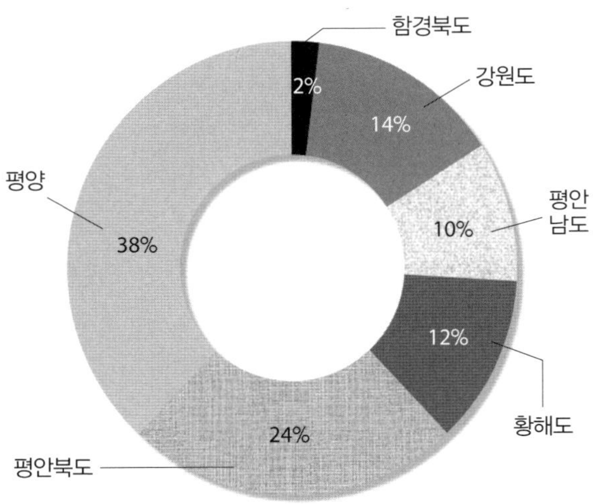


**그림 3-17**
대북투자기업의
투자지역 분포

**표 3-29** 업종별 투자지역 비교

| 업종 | 투자지역 | 비중 |
|---|---|---|
| 의류 · 신발 | 신의주 | 38% |
| | 평양 | 62% |
| 광물 | 강원도 | 25% |
| | 평안남도 | 25% |
| | 평안북도 | 15% |
| | 평양 | 15% |
| | 황해도 | 20% |
| 농수산물 | 신의주 | 17% |
| | 청진 | 17% |
| | 평양 | 49% |
| | 해주 | 17% |

어 있다. 수산물이 위주인 농수산물 역시 청진을 제외하고는 주로 단둥과 물류가 용이한 북한 서부지역에 투자기업들이 많이 분포해 있음을 알 수 있다.

# 제4장

# 결론

1990년부터 현재에 이르기까지 북한 경제의 변화를 설명하는 핵심 단어는 '시장'과 '무역'이다. 이 중에서 시장이 북한 내부의 변화를 보여 준다면 북중 경제관계는 북한의 대외 거래 양상을 보여 준다. 그런데 북한의 시장과 대외 거래는 밀접하게 연관되어 있다. 대외 거래를 통해 시장에서 팔리는 소비재가 수입되는가 하면 대외 거래를 통해 벌어들인 돈이 시장의 수요를 촉진하는 역할을 하고 있다. 시장이 커질수록 수입의 동기도 커지고, 수입 대금 결제를 위해서는 수출이 필요하며, 수출을 통해서 외화도 획득할 수 있다. 따라서 북한의 시장과 대외 거래는 상호 의존적인 동시에 서로를 강화시키는 역할을 하고 있다.

시장과 대외 경제거래는 북한 경제를 근저에서부터 변화시키고 있다. 시장은 북한 주민의 삶의 터전이 되었고 무역은 군과 당 소속 기관을 비롯해서 북한의 힘 있는 기관과 기업의 생명줄이 되었다. 이제 다수의 북한 기관과 기업은 무역 없이는 돌아갈 수 없게 되었다. 그리고 시장 없이는 북한 주민들이 그나마 꾸려 왔던 생활을 더 이상 영위할 수 없을 뿐 아니라 시장에 의존하여 연명하는 기업도 존속하기 어렵게 되었다. 사회주의 중앙계획경제는 일부 기업에만 적용되는 형태로 거의 형해(形骸)만 남아 있지만 아직도 기업은 국유인 상태에서 사회주의적 제도와 자본주의적 시장 거래가 복잡하게 얽혀 있는 것이 바로 지금의 북한 경제의 모습이다.

특히 중국과의 경제협력은 북한 경제에서 절대적인 중요성을 가지게 되었다. 2010년 남한의 대북제재 이후 남북 경협이 더욱 위축된 측면이 있지만, 그 이전 시기까지를 포함하더라도 북한과 중국 사이의 상업적 거래는 남북 간 거래에 비해 질적 · 양적 측면 모두에서 훨씬 활발하게 이루어졌다. 우선 북중 간에는 통행, 통신, 통관 등 소위 3통의 인프라가 남북에 비해 훨씬 잘 갖추어져 있다. 그리고 중국의 접경지역 통상구는 비교적 큰 물류창고와 통관 및 검역시설을 갖추고 있다. 설문 결과가 보여 주듯이 중국 기업들은 남한 기업에 비해 중국 현지에서 북한 거래 파트너와 협의하는 비중이 높았고, 북한과의 통신이나 북한 방문도 어렵지 않은 것으로 조사되었다. 비록 북한 내부의 사업 환경은 여전히 완성된 제도적 틀을 갖추고 있지 못하지만, 잘 발달된 접경 인프라를 기반으로 북중 경협은 무역과 투자 및 혹은 둘을 결합한 여러 방식과 다양한 규모로 이루어지고 있다. 반면 남북 경협은 여전히 가공무역 중심이고 투자는 개성 등 일부 지역에 한정되어 있다.

이와 같이 북중 경제관계가 북한 경제에서 가지는 중요성에도 불구하고 이 분야에 대한 연구는 주로 무역에 관한 통계를 이용한 분석에 그치고 있다. 북한이탈주민 조사를 통해 북한의 시장에 관한 미시적이며 면밀한 분석 결과가 나오는 것과 대비할 때 이 분야의 연구의 미진함은 더욱 두드러진다. 그러나 북한의 대외 거래관계를 기업 수준에서 분석한 미시적 분석이 없이는 북중 경제관계와 관련된 중요한 질문들에 체계적으로 답하기 어렵다. 왜 그리고 어떤 방식으로 중국은 북한과 무역하는가? 왜 중국 기업은 높은 수준의 위험에도 불구하고 북한에 투자를 하며 어떻게 위험을 회피하는가? 중국에 위치한 대북거래기업은 이윤을 보고 있는가? 아니면 위험 부담이 크고 손실이 지속되어 기업의 퇴출현상이 심한 편인가? 이상의 질문에 대한 답이 없이는 북중 무역과 중국의 대북투자 동학을 이해하거나 향후 추이를 전망하기는 어렵다. 그리고 이는 시장과 대외 거래에 의존하는 북한 경제의 진단이나 전망이 어려움을 의미하기도 한다.

이 연구는 북중 경제관계를 중국 단둥 현지 기업에 대한 조사 자료를 토대로 분석함으로써 이와 같은 연구의 미진함을 극복하고자 하는 시도이다. 보다 자세히 이 연구는 북중 경제관계에서 단둥의 역할을 여러 자료를 이용하여 논의할 뿐 아니라 단둥에 소재한 대북 무역기업과 투자기업을 대상으로 개별 면접 방식으로 수집한 기업 수준의 자료를 이용하여 미시 수준에서의 북중 무역 실태를 분석하고 있다. 앞에서 언급한 것처럼 이 연구에 사용된 기업 자료를 위해 2012년 2월부터 2013년 8월까지 여러 차례의 중국 방문을 통해 조사를 진행하였다. 북중 경제관계에 관한 미시적 차원의 연구가 거의 없는 상태에서 이 연구는 중국 현지인 단둥에서 실시한 최초의 북중 거래 기업 자료를 이용하여 정량적 분석 결과를 내놓고 있다. 더욱이 176개 사라는 비교적 많은 수의 중국 현지 기업을 조사한 결과로, 그동안의 소수 기업을 대상으로 정성적으로 분석한 결과에 비해 그 신뢰성이 더욱 높다고 할 수 있다.

북중 경제관계에서 단둥은 가장 중요한 중국 도시이다. 이러한 위상은 주로 단둥의 지리적 위치로 인한 장점과 북중 접경 통상구 중 수로, 도로, 철로, 관로를 모두 갖춘 특이성에 기인한다. 이 연구는 이러한 특징뿐만 아니라 북중 접경지역에서 이루어지는 경제교류의 제도적 특징을 분석하고, 단둥의 항만, 다리, 보세창고, 원유 송유관 등 경제교류 인프라의 특징과 운영에 대해 살펴본다.

이 연구는 현지 기업 조사를 통해 수집한 설문조사 결과를 이용하여 북중 경제거래의 방식과 사업 환경, 기업 성과 등을 구체적으로 분석하고 있다. 기업 자료의 분석을 통해 얻은 중요한 결론은 다음과 같이 요약할 수 있다.

첫째, 북한과의 무역 혹은 투자 사업을 진행하는 기업 소유자의 국적, 민족적 특징을 한족, 조선족, 북한화교와 기타로 분류할 때 이 각각의 형태에 따라 무역과 투자의 패턴에 일정한 차이가 존재한다. 한족의 경우 매출액 혹은 투자액의 규모와 이윤율이 조선족이나 기타 그룹에 속한 기업보다 높은 경향을 보이고 있다. 이는 한족 기업이 중국과의 네트워크나 북한과의 협상에 있어 유리한 경영 환경을 갖고 있으며, 군과 같은 북한의 유력한 대방과의 사업 기회가 더 많은 데 기인하는 것으로 보인다.

둘째, 북측 거래 기업이 군 소속인 경우 거래 기간이 길고 무역과 투자의 성과도 보다 양호한 것으로 평가된다. 이는 북한의 군이 무역권인 와크를 받고 이를 보다 장기간 보유할 가능성이 높다는 평가와 관련이 있는 것으로 보인다. 즉, 군 소속 기업과 장기간의 거래관계를 통해 신뢰가 형성되면, 이것이 매출액 증가에도 긍정적으로 기여하는 것이다.

셋째, 북한과의 무역과 투자에 있어 가장 중요한 위험은 법과 제도의 미비, 정부 정책의 임의적 변경 같은 국가 리스크로서 이는 개선되는 경향을 보이지 않고 있다. 반면 북한과 거래하는 중국 기업의 평가에 따르면 개별 회사 차원에서는 거래가 지속될수록 국제 거래 규칙을 준수하는 수준이 향상되는 경향이 있다는 것이다.

넷째, 표본 추출 오차가 작용할 수 있으나 북한과의 무역 이윤율과 투자 수익률은 비교적 높은 편이다. 즉, 이 연구에 사용된 기업 자료에 의거할 때 매출액 대비 이윤율은 17%, 투자액 대비 수익률은 15%로 높게 나타났다. 그러나 투자기업의 경우 투자 유형에 따라 수익률에 큰 차이가 존재한다. 즉, 지하자원 설비제공형 투자와 북한 인력 수입의 경우 평균 투자 수익률은 약 30%에 이르지만 합영, 합작 투자와 공식적인 투자 형태인 경우 투자 수익률은 각각 -5%, -16% 등으로 음에 머무르고 있다. 또한 3년 이후의 이윤율과 수익률에 대해서는 50%가 넘는 기업이 '알 수 없다'라고 답하고 있으며 현재에도 무역기업의 대금 결제에서는 현금 결제와

'거래와 동시에 결제'한다는 응답이 각각 59%와 40%에 달하는 등 중국 기업들은 북한과의 경제교류 리스크를 매우 높게 평가하고 있다. 투자에 있어서 설비제공형 투자는 바로 이러한 대금 결제 리스크를 줄이는 하나의 시도라고 볼 수 있다.

북한은 더 이상 전통적인 사회주의 경제체제가 아니다. 대내적으로는 시장, 대외적으로는 무역과 대북투자가 북한을 전통적인 사회주의 체제에서 크게 이탈시키고 있다. 상업적 이해관계의 일치에서 시작, 추동되는 북중 경제관계는 매우 동학적이다. 심각한 국가적 위기에도 불구하고 매출액 대비 이윤율과 투자 대비 수익률이 높아서 중국에 위치한 많은 기업들로 하여금 북중 경제교류에 뛰어들게 만들고 있다. 이들의 상업적 이익 추구 활동은 대외 경제교류를 통해서 생존할 수밖에 없는 북한 정권의 이해관계, 매출액의 상당 부분을 개인적으로 벌어들일 수 있는 북한 기업과, 그와 관련된 개인의 인센티브와 결합되면서 북중무역이 급증하는 추세를 만들어 냈다. 이러한 대외 경제교류로 인한 자본주의적 바람이 북한 내에 어떤 동학을 만들어 낼 것인가? 우리가 지속적으로 관찰하고 분석해야 할 질문이다.

북한 경제는 무역을 통해 대외 요인의 변화에 노출되었다. 특히 북중무역의 구조상 북한 경제는 지하자원의 가격 변동에 큰 영향을 받을 것이다. 그렇다면 근래의 지하자원 가격 하락으로 인한 경제 충격을 북한은 어떻게 극복하려고 할 것인가? 우리는 이에 대해 어떻게 대응하고 이를 어떻게 이용해야 할 것인가? 이 역시 우리에게 큰 숙제로 다가오는 질문이다.

〈부록〉 중국 해관의 무역 방식 분류

| 코드 | 무역 방식 | 대북 주요 무역 방식 대분류 |
|---|---|---|
| 10 | 일반무역(一般贸易, Ordinary Trade) | 일반무역 |
| 19 | 변경소액무역(边境小额贸易, Border Trade) | 변경무역 |
| 14 | 내료가공무역(来料加工装配贸易, Process & Assembling) | 가공무역 |
| 15 | 진료가공무역(进料加工贸易, Process with Imported Materials) | |
| 33 | 보세창고수출입화물(保税仓库进出境货物, Bonded Warehousing Trade) | 보세무역 |
| 34 | 보세구중계화물(保税区仓储转口货物, Entrepot Trade by Bonded Area) | |
| 11 | 무상원조(国家间、国际组织无偿援助和赠送的物资, International Aid) | 원조 |
| 12 | 기타원조(其他捐赠物资, Donation by Overseas Chinese) | 기타 |
| 13 | 구상무역(补偿贸易, Compensation Trade) | |
| 16 | 위탁대리판매무역(寄售代销贸易, Goods on Consignment) | |
| 20 | 가공무역수입설비(加工贸易进口设备, Equipment for Processing Trade) | |
| 22 | 대외수주공사수출입화물(对外承包工程出口货物, Goods for Foreign Contracted Project) | |
| 23 | 임대무역(租赁贸易, Goods on Lease) | |
| 25 | 외국투자기업투자설비(外商投资企业作为投资进口的设备、物品, Equipment/Materials Investment by Foreign-Invested Enterprise) | |
| 27 | 수출원료가공무역(出料加工贸易, Outward Processing) | |
| 30 | 바터무역(易货贸易, Barter Trade) | |
| 31 | 면세상품(免税外汇商品, Duty-Free Commodity) | |
| 35 | 보세구수입설비(保税区仓储转口货物,海关特殊监管区域进口设备, Equipment Imported into Export Process Zone) | |
| 39 | 기타무역(其他, Other Trade) | |

# 참고문헌

## 1. 보고서, 논문 및 연구서


강주원(2012). 「중조 국경도시 단둥에 대한 민족지적 연구: 북한사람, 북한외교, 조선족, 한국사람 사이의 관계를 통해서」. 서울대학교 박사학위논문.

강희정(2002). 「중국 단동시 경제의 전략적 특수성과 신의주-단동지역 개발」. 『경영연구』 21(2). 명지대학교 경영연구소.

고일동·이석·김상기·이재호(2008). 『북한의 무역구조 분석과 남북경협에 대한 시사점』. 한국개발연구원.

김병로·신상진·장경섭·정은미·조은희(2008). 『북한-중국 간 사회·경제적 연결망의 형성과 구조』. 서울대학교 통일평화연구소.

김병연(2008). 「북한의 국민소득: 추정치와 평가」. 『수은북한경제』 2008년 가을호.

김석진(2013). 「북중경협의 확대 요인과 북한경제에 대한 영향」. 『KDI 북한경제리뷰』 2013년 1월호.

김원배·이성수·조명철·홍익표·정승호(2006). 『중국 동북3성 개발이 북중접경지역 산업 및 기반시설 개발에 미치는 영향』. 국토연구원.

김형태(2003). 「중국의 보세구 제도에 관한 연구」. 『해양수산』 2003년 4월호.

림금숙(2012). 「길림성의 대북무역과 투자현황」. 『KDI 북한경제리뷰』 2012년 1월호.

만하이펑(2012). 「단둥-신의주 경제협력 분석과 '일교양도(一橋兩島)' 프로젝트에 대한 평가」. 인천광역시·단둥시·한겨레통일문화재단 주최 한·중 수교 20주년 기념 인천-단둥-한겨레 서해협력 포럼, '남·북·중 경제협력과 동북아 평화'.

배종렬(2008). 「북한의 외국인투자 실태와 평가」. 『수은북한경제』 2008년 가을호.

산업은행(2010). 『중국 동북 3성의 투자환경과 한국기업의 투자사례』.

손수윤(2007). 『북중변경무역 향후 전망과 시사점』. 대한무역투자진흥공사.

윤병수(2012). 『최근 북중 경제협력 동향과 전망』. 하나금융그룹.

이석 편(2013). 『북중무역의 결정요인: 무역통계와 세베이 데이터의 분석』. 한국개발연구원.

이영훈(2006). 「북중무역의 현황과 북한경제에 미치는 영향」. 『금융경제연구』 246호.

이옥희(2011). 『북중 접경 지역: 전환기 북중 접경지역의 도시네트워크』. 푸른길.

이정철(2006). 「북중 경제협력의 변화: 현황과 함의」. 산업통상자원부 중국경제 모니터링 시스템.

이종운·홍이경(2013). 『북·중 접경지역 경제교류 실태와 거래관행 분석』. 대외경제정책연구원.

임강택·양문수·이석기(2011). 『통일비용·편익 추계를 위한 북한 공식경제부문의 실태연구』. 통일연구원.

임민경(2012). 『중국 도시 정보 시리즈 - 랴오닝성 단둥(遼寧省 丹東)』. 대외경제정책연구원.

정은이(2013). 「접경지역 단동에 대한 현지조사」. 『KDI 북한경제리뷰』 2013년 4월호.

정형곤·김지연·이종운·홍익표(2011). 『북한의 투자유치정책 변화와 남북경협 방향』. 대외경제정책연구원.

조명철·양문수·정승호·박순찬(2005). 『북한경제의 대중국 의존도 심화와 한국의 대응방안』. 대외경제정책연구원.

중소기업진흥공단(2006). 『중소기업 남북경협실무 100문 100답』.

한지은(2002). 「중국 단동시의 기능 특성에 관한 연구」. 서울대학교 석사학위논문.

Brunetti, A., G. Kisunko, and B. Weder (2007). "Institutional Obstacles for Doing Business: Data Description and Methodology of a Worldwide Private Sector Survey." World Bank.

Haggard, S., J. Lee, and M. Noland (2011). "Integration in the Absence of Institutions: China-North Korea Cross-Border Exchange." Peterson Institute Working Paper Series WP11-13.

Haggard, S., and M. Noland (2012). "Network, Trust and Trade: The Microeconomics of China-North Korea Integration." Peterson Institute Working Paper Series WP12-8.

## 2. 언론보도

노컷뉴스(2011.7.7).「北, 경제정보 담은 '천리마' 개설」.
데일리NK(2007. 11.22).「무산광산이 中 손에?…합작 파기로 배급도 못해」.
시사인(2012. 10. 20).「북중관계 얼려버린 광산개발권」.
RFA(2010. 6. 8).「북 무역 총회사, 중국 업자와 무역분쟁」.
RFA(2013.2.5).「중 나진항 화물운송 확대 다변화 나서」.
연합뉴스(2011.1.21).「북 합영위 조직, 어떻게 구성되나」.
연합뉴스(2011. 5. 11).「日경찰, 北에서 의류 위장수입 5명 체포」.
연합뉴스(2013. 6. 4).「북한, 홍콩 환적항으로 이용 가능성」.
연합뉴스(2013. 10. 10).「북한, 기업독립채산제 전환 가속화」.
조선일보(2012.6.23).「북, 외화벌이 노동자 12만명 내년까지 중국에 보낸다」.
조선일보(2012. 10.17).「北 무산 철광산… 중국, 개발 중단」.
조선일보(2012.11.19).「北 김정은에게 숙청당한 리영호, 어디 있나보니 '충격'」.
한겨레(2012.10.5).「중국의 북한 여공 "목욕의 자유를 달라"」.
한국일보(2011.1.21).「북, 합영투자위가 외자 유치 전권 장악」.

经济观察报(2012. 4. 21).「丹东拟进行承接"朝鲜劳动力"规划」.
经济观察报(2012. 7. 7).「朝鲜工人"叩门"」.
大公報(2010. 12. 31).「旅遊-新鴨綠江大橋今開建 適逢敏感時期引猜測」.
大连海关.「2010年丹东口岸外贸平稳增长」.
丹东日报(2012. 10. 13).「对朝经贸"一桥两岛"敞开丹东南大门」.
商报网(2010. 10. 1).「提供便利条件 大力发展对朝贸易」.
新华网(2006. 1. 16).「丹东口岸对朝进出口量值双增」.
中国经济周刊(2012.7.23).「朝鲜劳工来了」.
中国经济周刊(2012.11.27).「中朝黄金坪经济区探秘」.
中国日报(2011. 3. 9).「丹东将扩大对朝贸易 欲成区域经济枢纽」.

AP(2013. 4. 6). "Bill aims to toughen sanctions against North Korea."
China Daily(2012. 11. 7). "Largest border city poised for trade boom."

## 3. 중국 정부 문건 및 법제

國務院關於邊境貿易有關問題的通知
关于促进边境贸易发展有关财税政策的通知
出口许可证管理货物目录(2012)
粮食制粉出口配额申请条件和申报程序(2008)
中华人民共和国入境出境管理法
外国人在中国就业管理规定
中共中央關于制定國民經濟和社會發展第十二个伍年規劃的建議
丹东市国民经济和社会发展统计公报(2011, 2012)

## 4. 통계

『오늘의 북한소식』(좋은벗들)
『북한의 대외무역동향』(Kotra)
中国对外直接投资统计公报
中国海关统计
中国口岸年鉴
丹东统计年鉴
辽宁统计年鉴
延边年鉴
中国港口年鉴
UNCTAD FDI DB
2012 International Trade Statistics Yearbook

## 5. 기업 설문자료

무역협회, 남북경협 전망 및 애로사항 조사
KDI, 남북경협에 관한 교역업체 및 전문가 대상 설문조사
EBRD, Business Environment and Enterprise Performance Survey(BEEPS)
World Bank, Institutional Obstacles for Doing Business

# 찾아보기

**ㅊ**



**ㅌ**



**ㅍ**



**ㅎ**

▌Abstract▐

# China's Trade and Investment with North Korea:

## Firm Surveys in *Dandong*

Byung-Yeon Kim
Seung-Ho Jung

This book analyzes the characteristics, performance, and business environments of the firms in *Dandong* doing businesses with North Korea. For this purpose, it uses data from the survey of 176 Chinese firms in *Dandong*. The survey was conducted in the form of face-to-face interviews from Feb. 2012 to July 2013.

The first part of this book starts with a description on a Chinese border city, *Dandong*, as a hub of trade with North Korea. It plays an essential role in trade with North Korea not only because of its proximity to a North Korean major city, *Shineujoo*, but also because of its unique advantage in infrastructure for trade: All four ways of trade are possible in *Dandong* because it can take place through oil pipeline, railway, road and seaports. Subsequently, it discusses laws, regulations, and institutional arrangements regarding Chinese trade with North Korea.

The second part of this book utilizes the data from the survey. On the basis of firm-level analysis, we find the following results. First, there are differences in the pattern of businesses in terms of ethnicity and nationality of business owners of the firms in China. The Hanjok ownership, that is, a firm owned by Chinese both in ethnicity and nationality, is positively correlated with the size of trade or investment volume. This implies that Chinese owners have advantages of utilizing network and institutional arrangements between China and North Korea compared to South Koreans, Korean-Chinese, and Chinese-North Koreans. Second, firms doing businesses with North Korean ones affiliated to the Army perform better than those to the Cabinet, the Party, and others. This suggests that Military-First policy in North Korea is not just a political slogan but acts as a resource allocation mechanism in realities. Third, the country risk such as deficiency in laws and institutions and arbitrary changes in policies is perceived as the biggest risk. In contrast, North Korean firm-level risks tend to decrease as more transactions are made. Fourth, the profitability of firms doing businesses with North Korea appears to be high: the average profitability of trading and investment firms is 17% and 15%, respectively. However, one needs a caution in interpreting these figures because of a sample selection bias.

## 저자 약력

### 김병연

서울대학교 학사, 석사(경제학)
영국 옥스퍼드대학교 박사(경제학)
영국 에섹스대학교 교수
T. S. Ashton Prize 수상(영국경제사학회)
청람상 수상(한국경제학회)
인문사회분야 우수학자(한국연구재단)
(현) 서울대학교 경제학부 교수
(현) 서울대학교 통일평화연구원 부원장
(현) 한국비교경제학회 회장
(현) 미국비교경제학회 운영위원
(현) 통일부 정책자문위원, 외교부 자체평가위원, 통일준비위원회 전문위원 겸 경제분과 간사

주요 저서와 논문

"Political Economy of Private Firms in China" (with Di Guo, Kun Jiang, and Chenggang Xu), *Journal of Comparative Economics,* Vol. 42, No. 2, 2014, pp. 286-303.

"How Credible is the North Korean Threat?" (with Gerard Roland), *Economics of Transition*, Vol. 22, No. 3, 2014, pp. 433–459.

"Social Capital and Entrepreneurial Activity: A Pseudo-panel Approach" (with Youngho Kang), *Journal of Economic Behavior and Organization*, Vol. 97, Jan. 2014, pp. 47-60.

"Big Businesses and Economic Growth: Identifying a Binding Constraint for Growth with Country Panel Analysis" (with Keun Lee, Young-Yoon Park, and Elias Sanidas), *Journal of Comparative Economics*, Vol. 41, 2013, pp. 561-582.

『남북통합지수, 2008-2013: 변동과 함의』(공저), 서울대학교 통일평화연구원, 2013.

『북한 경제에서의 시장과 정부』(공저), 서울대학교출판문화원, 2012.

### 정승호

고려대학교 학사(식량자원학)
KDI 국제정책대학원 석사(정책학)
서울대학교 박사(경제학)
대학생 통일논문 공모 장관상 수상(통일부)
사회과학대학 우수 박사논문상 수상(서울대학교)
대외경제정책연구원 연구원
(현) 한국은행 경제연구원 전문연구원

주요 저서와 논문

"Determinants of Labor Market Participation and Wage of North Korean Female Refugees in South Korea" (with Shi-Eun Yu, Byung-Yeon Kim, Woo-Taek Jeon), *Asian Economic Policy Review*, Vol. 7, Issue 1, 2012, pp. 113-129.

"Ten Years of Knowledge Partnership with North Korea" (with Jin Park), *Asian Perspective*, Vol. 31, No. 2, 2007, pp. 75-93.

『북한경제의 대중국 의존도 심화와 한국의 대응방안』(공저), KIEP 政策研究 05-17, 대외경제정책연구원, 2005.

## 서울대학교통일학연구총서

**01 북한체제의 형성과 한반도 국제정치**
김세균 외 7인

**02 북한 산업개발 및 남북협력방안: 지리적 접근**
박삼옥 · 허우긍 · 박기호 · 박수진

**03 탈북가족의 적응과 심리적 통합**
이순형 · 조수철 · 김창대 · 진미정

**04 남북한 환경정책 비교연구 1**
윤여창 외 6인

**05 남북한 환경정책 비교연구 2**
김정욱 외 4인

**06 남북통합지수,** 1989-2007
김병연 · 박명규 · 김병로 · 정은미

**07 통일한국의 어린이 영양**
이연숙 · 윤지현 · 심재은 · 장수정

**08 북미 대립: 탈냉전 속의 냉전 대립**
장달중 · 이정철 · 임수호

**09 네트워크 세계정치: 은유에서 분석으로**
하영선 · 김상배 엮음

**10 김일성사회주의청년동맹과 조선민주녀성동맹: 사회변동과 체제유지의 기제**
이온죽 · 이인정

**11 다플랫폼 다채널 시대의 통일방송**
윤석민 · 배진아 · 곽정래 · 이현우 · 채정화

**12 기초자료로 본 독일 통일 20년**
임홍배 · 송태수 · 정병기

**13 탈북인의 공 · 사적 관계와 의사소통**
이순형 · 김창대 · 진미정

14 북한의 『조선어학전서』 연구
권재일

15 판례로 보는 남북한관계
이효원

16 북한 경제에서의 시장과 정부
김병연 · 양문수

17 통일농업 성장보고서(1991~2009): 남북농업 교류협력 평가와 발전방향
최정남 · 김완배 · 리금 · 최장호

18 남북한 교류협력 거버넌스의 구조와 동학
정근식 · 정은미 · 강동완

19 독일 통일과 여성: 젠더 관점에서 조망한 독일의 분단과 재통일
한정숙 · 홍찬숙 · 이재원

20 북한사회와 굴절된 근대: 인구, 국가, 주민의 삶
박경숙

21 북한이탈청소년과 남한청소년의 도덕성, 법의식과 권위 인식
이순형 · 김창대 · 진미정

22 남북 언어의 어휘 단일화
권재일

23 남북한 젊은 세대의 통일관
강원택 · 이재철 · 조진만 · 한정택 · 김새미

24 북한이탈주민의 종교경험
이순형 · 최연실 · 진미정

25 여성 북한이탈주민의 경제적 적응: 취업, 소득, 소비
정진화 · 손상희

26 북한의 체육과 여가
나영일 · 현주 · 안지호 · 신영진 · 진현주 · 성제훈

27 중국의 대북 무역과 투자: 단둥시 현지 기업 조사
김병연 · 정승호